たかこ@caramel milk teaさんの
焼き菓子とカフェケーキのレシピ

稲田多佳子

はじめに

もしも私がお店を開いたなら、こんなお菓子を用意したいな。
特別にしゃれたものではなくて、誰にでも、どこの家庭でも作れるような
手作りの温かさが感じられる、素朴な表情をしたお菓子。
だけど、ひと口食べると、思わず笑顔がこぼれるような
気持ちも元気になれるようなお菓子を、いっぱいに並べたい。

そんな想いをぎゅっと詰め込んだ、大切な2冊、
以前に出版されました『たかこ焼菓子店のシンプルおうち菓子レシピ』と
『takako cafe2 たかこ＠caramel milk teaさんの
デリごはんとカフェデザートのレシピ』に掲載されているお菓子のレシピが、
この1冊にまとまりました。

お店仕様のお菓子だから、毎日の気楽なおやつにはもちろんのこと、
贈りもの、差し入れ、持ち寄り会やバザー、おうちカフェなど、
いろいろな機会にお役に立てることと思います。

どんなに簡単でも、「誰かが作ってくれたもの」には、やさしい力が感じられるもの。
肩の力の抜けたシンプルなお菓子、それでいて、ちゃんとおいしいレシピです。
この本を通して、甘くてやさしい手作りの幸せが、
作る人、食べる人、たくさんの方のもとへ、届きますように。

稲田多佳子

もくじ

1章 たかこ焼菓子店のレシピ

まいにちの焼き菓子

きなこのコロコロクッキー……8
抹茶のコロコロクッキー……9
いちごのコロコロクッキー……9
ココナッツとくるみのドロップクッキー……10
コーンフレークとチョコチップのドロップクッキー……10
ヨーグルトケーキ……11
ブラウニー……11
フィナンシェ……12
豆乳ドーナッツ……12

スコーンとマフィン

プレーンスコーン……14
ごまハニースコーン……15
クランベリーとホワイトチョコのスコーン……15
くるみのマフィン……16
カフェオレマフィン……17
ココアとダークチェリーのマフィン……17

ベイクドチーズケーキ

プレーンチーズケーキ……20
抹茶チーズケーキ……22
チョコとラムレーズンのチーズケーキ……23
ラズベリーチーズケーキ……24
かぼちゃとチョコレートのチーズケーキ……25

ミニロールケーキ

いちごのミニロール……28
ココアときなこクリームのミニロール……30
アプリコットのスティックロール……31
抹茶とつぶあんクリームのミニロール……32
ココアとホワイトチョコクリームのスティックロール……33
白いミニロール……34
紅茶とチョコクリームのミニロール……35

ミニシフォンケーキ

オレオのミニシフォン……38
コーヒーのミニシフォン……40
黒糖のミニシフォン……41
メープルナッツのミニシフォン……42
ブルーベリージャムのミニシフォン……43

バターケーキ

レモンの香りのバターケーキ……46
チョコマーブルのバターケーキ……48
ココアといちじくのバターケーキ……49
紅茶とりんごのバターケーキ……50
フルーツケーキ……51

蒸しケーキ

プレーン蒸しケーキ……54
抹茶の蒸しケーキ……56
バナナとチョコの蒸しケーキ……57
ココアとクリームチーズの蒸しケーキ……58
ミルクティーの蒸しケーキ……59

タルト

いちごのタルト……62
レアチョコレートのタルト……64
オレンジのタルト……65
カスタード入りアーモンドクリームのクランブルタルト……66

コラム

①パンドジェンヌ……18
②白いしっとりショコラ……26
③バニラのサボアケーキ……36
④ワッフル……44
⑤アップルパイ……52
⑥チーズパイ……60
ラッピングのしかた……81

焼き菓子ボックス

1. バターケーキセット（はちみつのキャラメルケーキ／フルーツケーキ／絞り出しクッキー）……68
2. ふんわりマドレーヌセット（プレーンマドレーヌ／けしの実のマドレーヌ／メープルのコロコロクッキー）……69
3. 紅茶セット（紅茶マーブルのバターケーキ／ココアと紅茶のスコーン／レーズンスコーン）……72
4. コーヒーセット（コーヒーのショートブレッド／ブラウニー／くるみのコーヒーケーキ）……73
5. ミニタルトセット（プルーンのミニタルト／ナッツのミニタルト／シナモンマーブルチーズケーキ）……76
6. コロコロフィナンシェセット（黒ごまのコロコロフィナンシェ／紫いものコロコロフィナンシェ／ゆず茶のミニシフォンケーキ）……77

2章　たかこカフェのレシピ

お持ち帰りのプチ・フール

① コロコロクッキーセット
　（ココア／ヘーゼルナッツ／チーズ）……84
② スティックチーズケーキセット
　（コーヒー／くるみ／あんこマーブル）……85
③ ショコラセット（シナモンプチ・ショコラ／
　チョコマドレーヌ／ココアフィナンシェ）……90

季節のおすすめケーキ

4月／いちごの小さなパフケーキ……95
4月／お煎茶のロールケーキ……96
5月／バナナとココナッツのシフォンケーキ……97
6月／紅茶のカッテージチーズケーキ……98
7月／マンゴーのレアチーズケーキ……99
8月／黄桃のタルト……100
9月／いちじくとナッツのカラメルバターケーキ……101
10月／紅茶と洋梨のロールケーキ……102
11月／紫いものクランブルタルト……103
12月／ホワイトスフレチーズケーキ……104
1月／米粉のロールケーキ……105
2月／カフェショコラ……106
3月／ヨーグルトのシフォンケーキ……107

アフタヌーンティーセット

1　スコーンクッキーセット
　（全粒粉／くるみ／レーズンとオレオ）……110
2　シフォンケーキセット
　（スパイス／刻みチョコ入りエンジェルシフォン）……111
3　お味見スイーツセット
　（チョコマーブルのスフレチーズケーキ／バナナとココナッツの
　シフォンケーキ／ヨーグルトのミルクプリン）……112
4　ロールケーキセット
　（マーマレード入りプレーン／ココアとオレンジピール）……113
5　ライトミールマフィンセット
　（グリーンピースとクリームチーズ／にんじんとくるみ）……114
6　バターケーキセット（バナナ／コーヒーとラムレーズン）……115

カップ＆ココットデザート

カラメルりんごのパンナコッタ……123
かぼちゃのブリュレ……124
レアチーズケーキ……124
ヨーグルトのミルクプリン……125
ホワイトチョコといちごのババロア……125
カップティラミス……126
ココットガトーショコラ……127
ココットカップケーキ……127

この本での約束ごと
・大さじ1は15mℓ、小さじ1は5mℓです。
・卵はLサイズを使用しています。
・室温とあるのは、20℃前後を意味します。
・「ひとつまみ」とは、親指、ひとさし指、中指の3本で軽くつまんだ量のことです。
・電子レンジの加熱時間は、600Wのものを目安にしています。機種によっては、多少差が出ることもあります。
・オーブンは、ガスオーブンを使用しています。焼き時間は、熱源や機種によって多少差があります。レシピの時間を目安に、様子を見ながら加減してください。

1章
たかこ焼菓子店のレシピ

自宅の玄関スペースで開く、ほんのささやかな空想焼菓子店に並ぶのは、
スコーンやマフィン、ベイクドチーズケーキ、ロールケーキ、
ミニシフォンやバターケーキなど、リクエストの多い数々。
時には、いくつかの焼き菓子を詰め合わせた、小さなボックスも。
おいしく食べてもらえますように、と願いを込めて、
ひとつずつ、ていねいにラッピングします。

まいにちの焼き菓子

「何か作りたいな。作ろうかな」と思いついて台所に立った時、
おしゃべりしながらでもおいしく焼き上がってしまうような、
材料も作り方も味わいも、シンプルで簡単で、わかりやすいもの。
慌ただしい毎日の中、なにげなくそばに寄り添って
お菓子のある幸せを連れてきてくれるのは、
そんな親しみやすいレシピだと思います。
クッキーの入ったガラスびんが台所にある光景や、
四角く焼いたケーキを切り分けるひと時、
ドーナッツを揚げながら、ひとつふたつと頬張る楽しみに、
ほっとなごんでくださいね。

きなこの
コロコロクッキー

ごあいさつ代わりに、お近づきの印に、頑張っているあの人への差し入れに。また、特別なイベントのない普段の日にも。小さく焼いたバターケーキに、クッキーをひと袋。「よかったら食べてね」と、気の張らない焼菓子を贈るのが好きです。交わす言葉、こぼれる笑顔に、心が触れ合ったように感じられる瞬間は、私にとって何よりの元気のもと。
ほろりと崩れて、きなこの風味がふうわり広がるコロコロクッキーには、あずきとチョコレートのケーキなど、和風のお菓子を合わせて贈ることも。いずれにしても、口に入るもののやりとりは非常にデリケートです。押しつけや自己満足に終わらないよう、相手との距離感や空気を読むことを心に留めながら、甘いコミュニケーション、楽しんでいきたいです。

材料（直径2.5cmのもの約30個分）
薄力粉　60g
アーモンドパウダー　30g
きなこ　20g
バター（食塩不使用）　45g
きび砂糖　20g
塩　ひとつまみ

下準備
・バターは1.5cm角に切り、冷蔵室に入れておく。
・天板にオーブンシートを敷く。

作り方
1 フードプロセッサーに薄力粉、アーモンドパウダー、きなこ、きび砂糖、塩を入れ、3〜5秒回してふるう。バターを加えてスイッチのオンとオフをくり返し、ひとかたまりになったら取り出す。平らにまとめてラップで包み、冷蔵室で1時間以上休ませる。
2 オーブンを170℃に温める。生地を直径2.5cmに丸め、天板に間隔をあけて並べ、170℃のオーブンで15分ほど焼く。

＊手で作る場合は…
1 ボウルに室温に戻してやわらかくしたバターを入れ、泡立て器かハンドミキサーでクリーム状に練り、きび砂糖と塩を加えて白っぽくふんわりするまですり混ぜる。
2 合わせてふるった薄力粉、アーモンドパウダー、きなこを一度に加え、ゴムベラでさっくりと混ぜる。生地をまとめて冷蔵室へ。これ以降は上の2からと同じ。

素朴な甘さをつけたくて、今日はきび砂糖で作りました。ぜいたくだけれど、和三盆糖を使うと、上品でちょっとよそゆき仕様のクッキーに。

抹茶のコロコロクッキー

控えめなお抹茶の色と味わい。苦みをきかせたものがお好きなら、抹茶の分量を気持ち増やして作ってみて。

材料（直径2.5cmのもの約30個分）
薄力粉　65g
アーモンドパウダー　45g
抹茶　大さじ1/2
バター（食塩不使用）　45g
グラニュー糖　25g
塩　ひとつまみ
仕上げ用の粉砂糖　適量

下準備
・バターは1.5cm角に切り、冷蔵室に入れておく。
・天板にオーブンシートを敷く。

作り方
1 フードプロセッサーに薄力粉、アーモンドパウダー、抹茶、グラニュー糖、塩を入れ、3〜5秒回してふるう。バターを加えてスイッチのオンとオフをくり返し、ひとかたまりになったら取り出す。平らにまとめてラップで包み、冷蔵室で1時間以上休ませる。
2 オーブンを170℃に温める。生地を直径2.5cmに丸め、天板に間隔をあけて並べ、170℃のオーブンで15分ほど焼く。完全に冷めたら、ポリ袋に入れた粉砂糖の中で転がしてまぶす。

＊手で作る場合は…
p8を参照して、抹茶のコロコロクッキー⇒きび砂糖の代わりにグラニュー糖、きなこの代わりに抹茶を加える。いちごのコロコロクッキー⇒きび砂糖の代わりにグラニュー糖、きなこの代わりにスキムミルクとストロベリーパウダーを加える。

いちごのコロコロクッキー

甘酸っぱいいちごの風味は、ストロベリーパウダーでつけました。まぶす粉砂糖に混ぜて、淡いピンク色をまとわせてもかわいい。

材料（直径2.5cmのもの約30個分）
薄力粉　60g
アーモンドパウダー　45g
スキムミルク　10g
ストロベリーパウダー（フリーズドライ）　5g
バター（食塩不使用）　45g
グラニュー糖　20g
塩　ひとつまみ
仕上げ用の粉砂糖　適量

下準備
・バターは1.5cm角に切り、冷蔵室に入れておく。
・天板にオーブンシートを敷く。

作り方
1 フードプロセッサーに薄力粉、アーモンドパウダー、スキムミルク、ストロベリーパウダー、グラニュー糖、塩を入れ、3〜5秒回してふるう。バターを加えてスイッチのオンとオフをくり返し、ひとかたまりになったら取り出す。平らにまとめてラップで包み、冷蔵室で1時間以上休ませる。
2 オーブンを170℃に温める。生地を直径2.5cmに丸め、天板に間隔をあけて並べ、170℃のオーブンで15分ほど焼く。完全に冷めたら、ポリ袋に入れた粉砂糖の中で転がしてまぶす。

いちごを真空凍結乾燥後、ごく細かな粉末に加工した、「フリーズドライパウダー ストロベリー」。生クリームやホワイトチョコと合わせて使うことも。（富）→入手先はp128に

ココナッツとくるみの ドロップクッキー

トロピカルなココナッツの香りに、くるみの食感をプラス。チョコチップを目分量でざざっと加えてもおいしい。

材料（直径4cmのもの約30個分）
薄力粉　150g
ベーキングパウダー　小さじ1/4
ココナッツファイン　50g
バター（食塩不使用）　100g
グラニュー糖　55g
卵　1個
塩　ひとつまみ
くるみ　60g

下準備
・くるみは160℃のオーブンで6〜8分から焼きし、冷めたら粗く砕く。
・バターと卵は室温に戻す。
・薄力粉とベーキングパウダーは合わせてふるう。
・天板にオーブンシートを敷く。
・オーブンを170℃に温める。

作り方
1. ボウルにやわらかくしたバター、グラニュー糖、塩を入れ、泡立て器かハンドミキサーでふんわりするまですり混ぜる。溶いた卵を少しずつ加え、よく混ぜる。
2. 粉類とココナッツファインを一度に加え、ゴムベラでさっくりと混ぜ、やや粉っぽさが残るくらいでくるみを加え、さっくりと混ぜる。
3. 大きめのスプーンで1杯分ずつすくい、天板に間隔をあけて落とし、170℃のオーブンで18〜20分焼く。

コーンフレークとチョコチップ のドロップクッキー

コーンフレークは、お好みのもので。「ブラウンシュガー」や、「コーンフロスティ」など、やや甘めのものをここでは使いました。

材料（直径4cmのもの約30個分）
薄力粉　130g
ベーキングパウダー　小さじ1/4
バター（食塩不使用）　100g
きび砂糖　35g
卵　1個
塩　ひとつまみ
コーンフレーク　80g
チョコレートチップ　60g

下準備
・バターと卵は室温に戻す。
・コーンフレークはポリ袋に入れ、めん棒で粗く砕く。
・薄力粉とベーキングパウダーは合わせてふるう。
・天板にオーブンシートを敷く。
・オーブンを170℃に温める。

作り方
1. ボウルにやわらかくしたバター、きび砂糖、塩を入れ、泡立て器かハンドミキサーでふんわりするまですり混ぜる。溶いた卵を少しずつ加え、よく混ぜる。
2. 粉類を一度に加え、ゴムベラでさっくりと混ぜ、やや粉っぽさが残るくらいでコーンフレークとチョコチップを加え、さっくりと混ぜる。
3. 大きめのスプーンで1杯分ずつすくい、天板に間隔をあけて落とし、170℃のオーブンで18〜20分焼く。

ヨーグルトケーキ

アーモンドパウダーのコクをいかした、シンプルな味わい。
直径15cmくらいの丸型でも、同じように焼けます。

材料 (15×15cmのスクエア型1台分)
薄力粉　50g
アーモンドパウダー　35g
ベーキングパウダー　小さじ1/4
プレーンヨーグルト　50g
グラニュー糖　45g
卵　1個
サラダ油　35mℓ
バニラビーンズ　1/2本
塩　ひとつまみ

下準備
・卵は室温に戻す。
・薄力粉、アーモンドパウダー、ベーキングパウダー、塩は合わせてふるう。
・型にオーブンシートを敷くか、バターを塗って粉をはたく（ともに分量外）。
・オーブンを170℃に温める。

作り方
1　ボウルに卵とグラニュー糖を入れ、ハンドミキサーの高速で白っぽくもったりするまで泡立てる（すくうとゆっくりと落ち、リボン状に積もるくらい）。
2　ヨーグルトとバニラビーンズ（縦半分に割って種をしごき出して）を加えてさっと混ぜ、粉類をふり入れ、ゴムベラで底からすくうようにして混ぜる。サラダ油を散らすように加え、底からすくうようにして手早くていねいに混ぜる。
3　型に流し、170℃のオーブンで25分ほど焼く。

ブラウニー

チョコレートを溶かし込んだ生地に加える刻みチョコは、
ビターなものを選ぶと、大人っぽい仕上がりに。

材料 (15×15cmのスクエア型1台分)
a ┌ 製菓用チョコレート（セミスイート）　80g
　├ バター（食塩不使用）　40g
　└ 牛乳　大さじ1
アーモンドパウダー　35g
グラニュー糖　35g
卵　1個
塩　ひとつまみ
ピーカンナッツ（またはくるみ）　50g
製菓用チョコレート（セミスイート）　25g

下準備
・ナッツは160℃のオーブンで6～8分から焼きし、冷めたら粗く砕く。
・卵は室温に戻す。
・チョコレートはすべて細かく刻み、25gのほうは冷蔵室に入れておく。
・型にオーブンシートを敷くか、バターを塗って粉をはたく（ともに分量外）。

作り方
1　耐熱ボウルにaを入れ、電子レンジか湯せんにかけて溶かす。オーブンを160℃に温める。
2　別のボウルに卵、グラニュー糖、塩を入れて泡立て器でなじむまで混ぜ（泡立てなくてOK）、アーモンドパウダーをふるい入れ、さっと混ぜる。1を加えてなめらかに混ぜ、ナッツと冷たいチョコも加え、ゴムベラで底からすくうようにして全体に混ぜる。
3　型に流し、160℃のオーブンで25分ほど焼く。

フィナンシェ

焼きたてはもちろん、材料どうしがしっとりとなじみ合った、翌日、翌々日のおいしさは、また格別です。

材料（直径6cmの紙のベーキングカップ10個分）
薄力粉　50g
アーモンドパウダー　50g
ベーキングパウダー　小さじ1/4
バター（食塩不使用）　100g
グラニュー糖　80g
卵白　3個分
はちみつ　大さじ1
塩　ひとつまみ

下準備
・薄力粉、アーモンドパウダー、ベーキングパウダーは合わせてふるう。

作り方
1 耐熱容器にバターを入れ、電子レンジか湯せんにかけて溶かし、湯にあてて温めておく。オーブンを170℃に温める。
2 ボウルに卵白、グラニュー糖、はちみつ、塩を入れ、泡立て器で卵白のコシを切るようにしてとろりと混ぜる（泡立てなくてOK）。粉類をふり入れてぐるぐるっと混ぜ、1のバターも加えてなめらかに混ぜる。
3 型に流し、170℃のオーブンで18〜20分焼く。

豆乳ドーナッツ

さっくりと軽い、コロコロタイプの豆乳ドーナッツです。手作りだからこそ楽しめる、揚げたてのおいしさ、ぜひ味わって。

材料（直径4cmのもの約25個分）
a ｛ 薄力粉　120g
　　ベーキングパウダー　小さじ2/3
　　塩　ひとつまみ
きび砂糖　30g
b ｛ 卵黄　1個分
　　豆乳（成分調整、無調整どちらでも）　大さじ4
　　太白ごま油（またはサラダ油）　大さじ2
　　はちみつ　大さじ1/2
揚げ油　適量

作り方
1 ボウルにa（合わせてふるい入れて）、きび砂糖を入れ、泡立て器でぐるぐるっと混ぜてふるう。合わせたbを加え、ゴムベラでさっくりとなめらかに混ぜる。
2 中温（170℃）の揚げ油にスプーン2本を使って丸く落とし（直径3cmのアイスクリームディッシャーでもOK）、こんがりときつね色に揚げる。

スコーンとマフィン

粉感にあふれていて、ささっと作れるスコーンやマフィンは、
のんびり過ごしたいお茶の時間はもちろんのこと、
気どらないおやつや、朝ごはんにもぴったりなお菓子。
友人が遊びに来るのに、忙しくてお茶菓子を用意できなかった時など
これなら簡単で早く焼き上がるからと、
お茶をいれる前に、みんなの顔を見ながら焼くことも多い私です。
ここでは生クリームで粉類をまとめて作る、
ふんわり軽くて、やさしい口あたりのスコーンとマフィンをご紹介。
食べ切れなかった分は、お土産に持って帰ってもらえるよう
翌日そのままでも、温め直しても、おいしく食べられるレシピです。

プレーンスコーン

材料（直径6cmのもの8個分）

a {
　薄力粉　150g
　ベーキングパウダー　小さじ1
　塩　小さじ1/4
}
　グラニュー糖　25g
b {
　卵黄　1個分
　生クリーム　130ml
　はちみつ　大さじ1/2
}

下準備
・天板にオーブンシートを敷く。
・オーブンを170℃に温める。

作り方
1　ボウルにaを合わせてふるい入れ、グラニュー糖を加え、泡立て器でぐるぐるっと混ぜてふるう。
2　合わせたbを加え、ゴムベラでさっくりと混ぜ、なじんできたらゴムベラを時々押しつけながらまとめる。手で軽くこねてなめらかにし、手早くひとまとめにする。
3　生地を8等分して丸め、天板に間隔をあけて並べ、170℃のオーブンで20分ほど焼く。

スコーンには何を添えるのがお好きですか？　泡立てた生クリームに、ジャムや小さめにカットしたフレッシュなフルーツ。塩けのきいたバターに、はちみつやメープルシロップをたらすのも、幸せな食べ方。
手のひらサイズにラフに丸めて焼いたスコーンは、天板にお行儀よく並んだ姿も、パクッとひび割れが入ったりして元気に焼き上がった姿も、なんとも愛らしい。オーブンから出して熱さの一段落着いたところが、いちばんのタイミングかな、と思います。そんな食べ頃を逃すことなく味わえるのが、手作りの醍醐味。みんなでテーブルを囲む場面でも、自分ひとりのためだけにでも、手で作ることの喜び、楽しんでいたいですね。

ごまハニースコーン

白のいりごまを混ぜ込み、はちみつで穏やかな甘みをつけました。
黒ごま、金ごま、お好きな色のごまでもどうぞ。

材料（直径6cmのもの8個分）

a {
薄力粉　130g
ベーキングパウダー　小さじ1
塩　小さじ1/4
白いりごま　35g
きび砂糖　10g
}

b {
卵黄　1個分
生クリーム　100ml
はちみつ　大さじ1＋小さじ1
}

下準備
・天板にオーブンシートを敷く。
・オーブンを170℃に温める。

作り方

1 ボウルにaを合わせてふるい入れ、白ごま、きび砂糖を加え、泡立て器でぐるぐるっと混ぜてふるう。
2 合わせたbを加え、ゴムベラでさっくりと混ぜ、なじんできたらゴムベラを押しつけながらまとめ、手で軽くこねて手早くひとまとめにする。
3 生地を8等分して丸め、天板に間隔をあけて並べ、170℃のオーブンで20分ほど焼く。

クランベリーとホワイトチョコのスコーン

甘酸っぱいクランベリーと、とろける甘さのホワイトチョコレート。
バターケーキでもよく作る組み合わせを、今日はスコーンで。

材料（直径6cmのもの8個分）

a {
薄力粉　150g
ベーキングパウダー　小さじ1
塩　小さじ1/4
グラニュー糖　20g
}

b {
卵黄　1個分
生クリーム　100ml
プレーンヨーグルト　大さじ2
ドライクランベリー　50g
ホワイトチョコチップ　35g
}

甘酸っぱい風味と、深い紅色がお菓子のアクセントになるドライクランベリー。ちょっと甘めの白いチョコチップ。分量は、好みで加減して。どちらも（ク）→入手先はp128に

下準備
・天板にオーブンシートを敷く。
・オーブンを170℃に温める。

作り方

1 ボウルにaを合わせてふるい入れ、グラニュー糖を加え、泡立て器でぐるぐるっと混ぜてふるう。
2 合わせたbを加え、ゴムベラでさっくりと混ぜ、やや粉っぽさが残るくらいでクランベリーとホワイトチョコを加え、さっくりと混ぜる。ゴムベラを押しつけながらまとめ、手で軽くこねて手早くひとまとめにする。
3 生地を8等分して丸め、天板に間隔をあけて並べ、170℃のオーブンで20分ほど焼く。

くるみのマフィン

マフィンと名づけるものなら、あまりお菓子っぽい材料を使わずに作りたい。どうしてだか長いこと、そんなふうに小さくこだわっていた私ですが、工程がクイック＆イージーで、マフィン型で焼くのだったら、マフィンと呼んでしまいましょう。近頃では考え方がゆるくシフトして、アーモンドパウダーや生クリームを使うレシピでも、たくさん焼くようになりました。
生クリームとヨーグルトでまとめたマフィンは、焼きたても翌日も、ほんわりやわらかです。些細なこだわりは年々薄れ、許容範囲、守備範囲ともに広がって、考えがますます柔軟に。歳を重ねるのも、なかなかどうして悪いことじゃありません（笑）。

材料（直径7cmのマフィン型6個分）
薄力粉　90g
アーモンドパウダー　30g
ベーキングパウダー　小さじ1
グラニュー糖　60g
卵　1個
{ 生クリーム　100ml
　プレーンヨーグルト　大さじ2
塩　ひとつまみ
くるみ　60g

下準備
・くるみは160℃のオーブンで6～8分から焼きし、冷めたら粗く砕く。
・卵は室温に戻す。
・薄力粉、アーモンドパウダー、ベーキングパウダーは合わせてふるう。
・型に紙カップを敷く。
・オーブンを170℃に温める。

作り方
1 ボウルに卵、グラニュー糖、塩を入れて泡立て器でなじむまで混ぜ（泡立てなくてOK）、生クリームとヨーグルトを加え、しっかりと混ぜる。
2 粉類をふり入れ、ゴムベラでさっくりと大きく混ぜ、やや粉っぽさが残るくらいでくるみを加え、手早くていねいに混ぜる。
3 型に流し、170℃のオーブンで25分ほど焼く（中央に竹串をさしてみて、どろっとした生地がつかなければ焼き上がり）。型から出して冷ます。

くるみをから焼きする作業は、ひと手間だけれど、焼き上がりの香ばしさが違ってきます。といいながら、めんどうな時はそのまま使うことも（苦笑）。

カフェオレマフィン

ミルクをたっぷり注ぎ入れたコーヒーのような、まろやかな味わい。
インスタントコーヒーの量は、お好みで加減してくださいね。

材料（直径7cmのマフィン型6個分）
薄力粉　90g
アーモンドパウダー　30g
ベーキングパウダー　小さじ1
グラニュー糖　60g
卵　1個
{ 生クリーム　100ml
プレーンヨーグルト　大さじ2
インスタントコーヒー（粉末のもの）　大さじ1 1/2
塩　ひとつまみ

下準備
・卵は室温に戻す。
・薄力粉、アーモンドパウダー、ベーキングパウダーは合わせてふるう。
・型に紙カップを敷く。
・オーブンを170℃に温める。

作り方
1　ボウルに卵、グラニュー糖、塩を入れて泡立て器でなじむまで混ぜ（泡立てなくてOK）、生クリーム、ヨーグルト、コーヒーを加え、しっかりと混ぜる。
2　粉類をふり入れ、ゴムベラでさっくりと大きく混ぜる。
3　型に流し、170℃のオーブンで25分ほど焼く。

ココアとダークチェリーのマフィン

ピュアなココアパウダーをきっちり配合した、お気に入りレシピ。
ラムレーズンを加えたり、プレーンなまま焼くのも好きです。

材料（直径7cmのマフィン型6個分）
薄力粉　70g
アーモンドパウダー　30g
ココアパウダー　20g
ベーキングパウダー　小さじ1
グラニュー糖　60g
卵　1個
{ 生クリーム　100ml
プレーンヨーグルト　大さじ2
塩　ひとつまみ
ダークチェリー（缶詰）　18粒

粒が大きく、甘さも控えめ。とても使いやすいS&Wのダークスイートチェリー。常備していて、バターケーキやチーズケーキなどに焼き込むことも。（ク）→入手先はp128に

下準備
・卵は室温に戻す。
・ダークチェリーはキッチンペーパーにのせて汁をきる。
・薄力粉、アーモンドパウダー、ココアパウダー、ベーキングパウダーは合わせてふるう。
・型に紙カップを敷く。
・オーブンを170℃に温める。

作り方
1　ボウルに卵、グラニュー糖、塩を入れて泡立て器でなじむまで混ぜ（泡立てなくてOK）、生クリームとヨーグルトを加え、しっかりと混ぜる。
2　粉類をふり入れ、ゴムベラでさっくりと大きく混ぜる。
3　型の半分まで流し、チェリーを3粒ずつのせて残りの生地を流し、170℃のオーブンで25分ほど焼く。

おたのしみのお菓子①

【パンドジェンヌ】

シンプルでいてリッチな、奥行きのある深い味わい。アーモンドの風味あふれる、とてもしっとりとした、ちょっと自慢のレシピです。誰にでも好まれるお菓子って、きっとこんな生地なんじゃないかな。そんなふうに感じるから、お遣いもののお菓子としてもよく焼いています。

もしも生地があまったら、マフィン型などに入れて焼いて。プレゼントしやすいよう紙のベーキングトレイを使いましたが、うちで食べるのなら、パウンド型や直径15〜16cmの丸型、スクエア型でもOKです。1台にまとめて作る時は、焼き時間は160℃で40分くらい。こんがり色づく様子を見守りながら、おいしく焼いてくださいね。

材料（17×5cmの紙のベーキングトレイ2個分）

- アーモンドパウダー　80g
- 薄力粉　25g
- ベーキングパウダー　小さじ1/3
- バター（食塩不使用）　60g
- グラニュー糖　80g
- 卵　2個
- ラム酒　大さじ1
- 塩　ひとつまみ

下準備

- 卵は室温に戻す。
- 薄力粉、ベーキングパウダー、塩は合わせてふるう。

作り方

1. 耐熱容器にバターを入れ、電子レンジか湯せんにかけて溶かし、湯にあてて温めておく。オーブンを160℃に温める。
2. ボウルに卵とグラニュー糖を入れ、ハンドミキサーの高速で白っぽくもったりするまで泡立てる（すくうとゆっくりと落ち、リボン状に積もるくらい）。ハンドミキサーを低速に落としてキメを整え、アーモンドパウダーをふるい入れ、低速のまま静かにしっかりと混ぜる。
3. 粉類、1のバターを2〜3回に分けて加え、そのつどゴムベラで底からすくうようにして、手早くていねいに混ぜる。ラム酒も加え、全体に混ぜる。
4. 型に流し、160℃のオーブンで25分ほど焼く。

ベイクドチーズケーキ

季節を問うことなく、いつ食べてもおいしいお菓子。
材料をなめらかに混ぜ合わせて焼くだけで、
誰にでも上手に作れるお菓子。
ベイクドチーズケーキは、作る人にも、食べる人にも、
とても親切で、やさしいお菓子だと思います。
チーズケーキをおいしく食べるコツは、
焼き上がったケーキに、ゆったり流れる時間をあげること。
冷蔵室でひと晩寝かせて、しっとりと味をなじませてから、
どうぞめし上がってくださいね。

プレーンチーズケーキ

私の昔からの夢は、おいしいお菓子を作れるお母さんになることでした。お菓子を焼くと、ふんわりとした甘い香りが、キッチンだけでなく家の外までゆらゆら漂います。学校から帰ってくる子どもを、お菓子の甘い香りとお帰りなさいの笑顔で迎えたいな。「お母さんの得意料理は？」と、子どもがもし誰かに聞かれたら、「チーズケーキ！」なんて、迷わず答えてくれるとうれしいな。20代の頃の私は、そんなことをぼんやり頭に描きながら、お菓子を作っていたような気がします。
その夢はかなわなかったけれど、今、私の周りには、私の焼くお菓子を楽しみにしてくれる人がたくさんいます。その人たちが見せてくれるおいしい笑顔があるから、今も変わることなく、お菓子を焼き続けていられるのかもしれません。そしてこの本を手に取ってくださった、まだ会ったことのないあなたの存在にも強く支えられています。それでもう、私は十分に幸せ。心から伝えたいありがとうの代わりに、長く作り続けているレシピ、ご紹介させてくださいね。

材料（直径15cmの底がとれる丸型1台分）

クリームチーズ　200g
生クリーム　100ml
サワークリーム　80g
グラニュー糖　70g
卵　1 1/2 個
薄力粉　大さじ2 1/2
レモン汁　小さじ1
バニラビーンズ（あれば）　1本
塩　ひとつまみ
{ ダイジェスティブビスケット　約7枚（65g）
　バター（食塩不使用）　30g

下準備

・クリームチーズ、サワークリーム、卵は室温に戻す。
・型にオーブンシートを敷く。

作り方

1　ビスケットをポリ袋に入れ、めん棒でたたいたり転がしたりしながら細かく砕く。電子レンジで溶かしたバターを加えてもみ混ぜ、型の底にスプーンの背で押しながら敷き詰め、冷蔵室に入れておく。オーブンを160℃に温める。

2　ボウルにやわらかくしたクリームチーズとサワークリーム、グラニュー糖、塩を入れ、泡立て器ですり混ぜる。生クリーム→卵→薄力粉（ふるい入れて）→レモン汁とバニラビーンズ（縦半分に割って種をしごき出して）の順に加え、そのつど混ぜる（フードプロセッサーで混ぜてもOK）。

3　こし器を通して型に流し、160℃のオーブンで50分ほど焼く（中央に竹串をさしてみて、どろっとした生地がつかなければ焼き上がり）。粗熱がとれたら、型ごと冷蔵室でしっかりと冷やす。1日おくと味がなじむので、食べる前日に焼くのがおすすめ。

同じレシピのチーズケーキも、焼き方を変えると、しっとりさが加わってまた違った口あたりに。小さなアルミのカップに入れ、オーブンの天板にのせ、天板のふちギリギリまで熱湯を注いで湯せん焼き。焼き時間は160℃で35分ほどです。ふたつきの容器は、手土産にも便利ですね。

バニラビーンズは、縦半分にカットして、ナイフなどで中に詰まった種をこそぎ出して使います。なければ、バニラオイル少々で代用を。

抹茶チーズケーキ

ベイクドチーズケーキを作るほとんどの場合、私はハンディブレンダーやフードプロセッサーに生地作りをお任せしています。「せっかく手作りするのに、味もそっけもないじゃない」なんて言われそうだけれど、日々を暮らしてゆく中では、ゆっくりとお菓子作りに向き合う時間がない、体調がいまひとつで手をかけたものは作れない、でもでも何か焼いておかなくちゃ！ という場面、往々にしてあるわけで。

そんな時、時間も手間もテクニックも不要なレシピが、私を助けてくれるのです。チーズケーキがその代表的な存在で、大きめのメジャーカップに材料を次々と入れ、コードレス・ハンディブレンダーで一気に撹拌、あっというまにでき上がり。文明の利器に、感謝。

材料 （直径15cmの底がとれる丸型1台分）

クリームチーズ　200g
生クリーム　120㎖
製菓用ホワイトチョコレート　75g
グラニュー糖　35g
卵　1個
薄力粉　大さじ1
抹茶　大さじ1
塩　ひとつまみ
{ ダイジェスティブビスケット　約7枚（65g）
　バター（食塩不使用）　30g

下準備

・クリームチーズと卵は室温に戻す。
・ホワイトチョコは細かく刻み、電子レンジか湯せんにかけて溶かす。
・型にオーブンシートを敷く。

作り方

1 ビスケットをポリ袋に入れ、めん棒でたたいたり転がしたりしながら細かく砕く。電子レンジで溶かしたバターを加えてもみ混ぜ、型の底にスプーンの背で押しながら敷き詰め、冷蔵室に入れておく。オーブンを160℃に温める。

2 ボウルにやわらかくしたクリームチーズ、グラニュー糖、塩を入れ、泡立て器ですり混ぜる。溶かしたホワイトチョコ→生クリーム→卵→薄力粉と抹茶（合わせてふるい入れて）の順に加え、そのつど混ぜる（フードプロセッサーで混ぜてもOK）。

3 こし器を通して型に流し、160℃のオーブンで50分ほど焼く。粗熱がとれたら、型ごと冷蔵室でしっかりと冷やす。

丸型で焼いたチーズケーキを切り分けておすそ分けする時には、長方形のランチボックスなどもよく利用します。適当な大きさにカットしたワックスペーパーや、広げたグラシンカップの上にチーズケーキを1ピースずつのせ、ボックスに互い違いに並べて詰めます。

材料（直径7cmのマフィン型6個分）

- クリームチーズ　120g
- 生クリーム　80ml
- サワークリーム　50g
- 製菓用チョコレート（セミスイート）　50g
- グラニュー糖　50g
- 卵　1個
- 薄力粉　大さじ1 1/2
- 塩　ひとつまみ
- ラムレーズン　適量

下準備

- クリームチーズ、サワークリーム、卵は室温に戻す。
- チョコレートは細かく刻み、電子レンジか湯せんにかけて溶かす。
- 型に紙カップを敷く。
- オーブンを160℃に温める。

作り方

1. ボウルにやわらかくしたクリームチーズとサワークリーム、グラニュー糖、塩を入れ、泡立て器ですり混ぜる。溶かしたチョコ→生クリーム→卵→薄力粉（ふるい入れて）の順に加えてそのつどよく混ぜ（フードプロセッサーで混ぜてもOK）、こし器でこす。
2. 型にラムレーズンを好みの量ずつ入れ、生地を流し、160℃のオーブンで30分ほど焼く。冷めたら型から出し、冷蔵室でしっかりと冷やす。

＊好みでふんわりと泡立てた生クリーム、ラムレーズン、レモンバームを飾って

チョコとラムレーズンのチーズケーキ

チョコレートフレーバーのチーズ生地にラムレーズンを合わせ、マフィン型でちょこんと焼きました。真ん中のへこんだ部分には、泡立てた生クリームをこんもりとのせ、ラムレーズンとハーブを飾って仕上げます。

チーズケーキをマフィン型で焼くようになったのは、15年ほど前のことになるでしょうか。大勢に何種類かのお菓子を焼く機会があり、その中にはベイクドチーズケーキを入れてほしいとのリクエスト。ホールを切り分けるタイプでは配りにくい、現在ではポピュラーなスティックに仕上げる方法も、当時は浮かばなくて、あれこれ考えた結果、マフィン型を試してみたのです。これが思いのほか好評で、以来、マフィン型で焼くベイクドチーズケーキは、私の定番になりました。

ラズベリーチーズケーキ

ラズベリーの酸味と、淡いピンクに染まった生地色がキュートなチーズケーキです。ここでは、お手頃でお手軽な冷凍ブロークンタイプのラズベリーを使いました。冷凍のラズベリーを使ったお菓子では、冷たいものを作ることが多く、レアチーズケーキ、ホワイトチョコと合わせたムース、シャーベットなどのレシピがお気に入り。また、バニラのパンナコッタや、アイスクリームのソースにも。簡単なところでは、ヨーグルト、牛乳、はちみつと一緒に大きなグラスに入れて、ブレンダーでガーッと攪拌した、スムージーみたいなドリンクを。夏場やお風呂上がりのクールダウンに、うれしい1杯です。

材料（直径7cmのマフィン型6個分）
クリームチーズ　160g
生クリーム　120ml
冷凍ラズベリー　60g
グラニュー糖　60g
卵　1個
薄力粉　大さじ3
塩　ひとつまみ

下準備
・クリームチーズと卵は室温に戻す。
・型に紙カップを敷く。

作り方
1 耐熱容器に冷凍ラズベリーを入れ、ラップをかけずに電子レンジ（600W）で2分ほど加熱し、水けを軽くとばしてゆるめのジャム状にする。オーブンを160℃に温める。

2 ボウルにやわらかくしたクリームチーズ、グラニュー糖、塩を入れ、泡立て器ですり混ぜる。生クリーム→卵→薄力粉（ふるい入れて）の順に加えてそのつどよく混ぜ（フードプロセッサーで混ぜてもOK）、こし器でこし、1のラズベリーを加えて全体に混ぜる。

3 型に流し、160℃のオーブンで30分ほど焼く。冷めたら型から出し、冷蔵室でしっかりと冷やす。

ラズベリーは、ジャム状にして生地に混ぜ込んでしまうので、きれいなホール状のものではなく、お財布にやさしいブロークンタイプで十分です。

材料（直径7cmのマフィン型6個分）

かぼちゃ　約1/8個（正味120g）
クリームチーズ　120g
生クリーム　80ml
グラニュー糖　45g
卵　1個
薄力粉　大さじ2
塩　ひとつまみ
チョコレート　30g

下準備

・クリームチーズと卵は室温に戻す。
・チョコレートは粗く刻み、冷蔵室に入れておく。
・型に紙カップを敷く。

作り方

1. かぼちゃは皮と種をとって小さく切り、電子レンジか蒸し器でやわらかくして120g用意し、フォークで細かくつぶす。オーブンを160℃に温める。
2. ボウルにやわらかくしたクリームチーズ、グラニュー糖、塩を入れ、泡立て器ですり混ぜる。1のかぼちゃ→生クリーム→卵→薄力粉（ふるい入れて）の順に加えてそのつどよく混ぜ（フードプロセッサーで混ぜてもOK）、こし器でこし、刻んだチョコを加えて全体に混ぜる。
3. 型に流し、160℃のオーブンで30分ほど焼く。冷めたら型から出し、冷蔵室でしっかりと冷やす。

かぼちゃとチョコレートのチーズケーキ

手作りのお菓子は、長く保存することなく、おいしいタイミングをおいしいうちに食べてしまいたい、と思っています。たくさん焼いた時は、お友達やご近所さんにおすそ分けしたり、実家に届けたり。
ですが、慌ただしく時間に追われるあまり、おすそ分けにも出られない、取りに来てもらうにも応対する余裕がない、というままならない状態に陥ることが、時としてあったりするのが正直なところ。なので、チーズケーキやロールケーキなど、常温で日持ちのしないものに関しては、迷わず冷凍することにしています。風味の劣化は否めないけれど、1人のお茶時間や、気のおけない友人と一緒にうちで食べるのならば、まぁ、許容範囲かな。

フレッシュなかぼちゃから作るのが、いちばんおいしいですが、手軽に冷凍のかぼちゃを使ってもOKです。

刻んで加えるチョコレートは、特に製菓用でなくてもかまいません。板チョコなど、手に入りやすいお好きなものでどうぞ。

おたのしみのお菓子②

【白いしっとりショコラ】

以前、『まいにちの焼き菓子と特別な日のケーキ』という本でご紹介したレシピに、「しっとりショコラ」というチョコレートのお菓子があります。別立てで作ったしゅわっとした食感のチョコ生地を、湯せん焼きでしっとりと焼き上げたもので、食べてほしいなぁと思っていた人に「おいしい。好きな味」と喜んでもらえた、想い出と思い入れのあるお菓子です。
それをホワイトチョコレートで作ったのが、このお菓子。冷蔵室でしっかりと冷やしておき、食べる少し前に出して、かたさがほんのちょっぴりゆるんだところが食べ頃です。さて、こちらのホワイトバージョンも、合格点をもらえるでしょうか。一度、食べてみてほしいな。

材料（8×8cmのココット型8個分）

- 製菓用ホワイトチョコレート　65g
- バター（食塩不使用）　35g
- 生クリーム　大さじ4
- グラニュー糖　30g
- 卵黄、卵白　各2個分
- 薄力粉　大さじ1強
- コーンスターチ　大さじ1強
- オレンジリキュール（グランマニエ）　大さじ1
- 塩　ひとつまみ

下準備

- バターは室温に戻す。
- ホワイトチョコは細かく刻む。
- 型にバター（分量外）を薄く塗る（そのままでもOK）。
- オーブンを150℃に温める。

作り方

1. ボウルにホワイトチョコとバターを入れ、沸騰直前まで温めた生クリームを一度に加え、泡立て器で混ぜて溶かす。卵黄（1個分ずつ）→リキュール→薄力粉とコーンスターチ（合わせてふるい入れて）の順に加え、そのつどなめらかに混ぜる。

2. 別のボウルに卵白を入れ、塩とグラニュー糖を少しずつ加えながらハンドミキサーで泡立てて、とろりとややゆるめのメレンゲを作る（六〜七分立て）。これを1のボウルにひとすくい加え、ぐるぐるっとなじませ、残りのメレンゲを2回に分けて加え、ゴムベラで大きくさっくりと混ぜる。

3. 型に流し、天板に並べてオーブンに入れ、天板のふちギリギリまで熱湯を注ぎ（やけどに注意）、150℃で30分ほど湯せん焼きにする（途中で湯がなくなったら足して）。粗熱がとれたら、型ごと冷蔵室でしっかりと冷やす。

ミニロールケーキ

これまでに、もう何本のロールケーキを焼いたでしょうか。
もし、初めて巻いた1本から数えておいたなら、
相当おもしろい数字を今、カウントしたかもしれないと思うこの頃です。
ふっくらと空気を含んで、クリーミーに泡立った卵とお砂糖。
ストレーナーから、さらさらと粉雪のように降る薄力粉。
その卵生地と粉が、なめらかに混ざりゆく様子。
お菓子を作るプロセスで出会える、美しくもおいしそうな場面が
私の心をとらえて離さないから、
これからもずっと、同じお菓子を作り続けてゆくことでしょう。

いちごのミニロール

ふわふわの卵色スポンジに、なめらかな生クリーム、甘酸っぱいいちご。ケーキといえばいちごのショートケーキがまず頭に浮かぶほど、この組み合わせが大好きです。お店のショーケースからケーキをいくつか選ぶ時、そこが初めて入ったお店でも、通い慣れたお店でも、必ずといっていいほどいちごのショートケーキをひとつ、まずピックアップしてしまうのは、子どもの頃から今も変わりません。

そんな私にとっての3つのおいしいを、くるりと丸めたいちごのロールケーキ。ホームメイドの素朴なおやつらしい、気どりのない表情をしたベーシックでスタンダードなお菓子ですが、私にはちょっぴりスペシャルな1本でもあります。作るたびに、ほんわかとラブリーな気持ちにさせてくれる真っ赤ないちごは、キューティーでありながらも、どことなく色っぽい存在。コーヒーや紅茶はお休みにして、時にはスパークリングワインと一緒に過ごす大人っぽいケーキタイムも、またすてきです。

材料（24×24cmの天板1枚分）＊

スポンジ生地
- 薄力粉　35g
- グラニュー糖　45g
- バター　20g
- 卵　2個
- 卵黄　1個分

クリーム
- 生クリーム　80㎖
- グラニュー糖　小さじ1
- 好みのリキュール（ここではピーチ）　小さじ1/2
- いちご　約1/3パック

＊30cm角の天板で作る場合は、材料を1.5倍に、焼き時間は同じ

下準備
- 卵と卵黄は室温に戻す。
- 薄力粉はふるう。
- 天板にオーブンシート（あればわら半紙）を敷く。
- オーブンを180℃に温める。

作り方

1. スポンジを作る。ボウルに卵、卵黄、グラニュー糖を入れ、湯せんにかけてハンドミキサーの高速で泡立て、人肌に温まったら湯せんからはずし、白っぽくもったりするまで泡立てる（すくうとゆっくりと落ち、リボン状に積もるくらい）。ハンドミキサーを低速に落とし、キメを整える。

2. 薄力粉をふり入れ、ゴムベラで底からすくうようにして、ふんわりとツヤっぽい状態になるまでしっかりと混ぜる。電子レンジなどで溶かしたバター（温かいもの）を散らすように加え、手早く混ぜる。

3. 天板に流して平らにならし、180℃のオーブンで10分ほど焼く。天板からはずし、紙をつけたまま冷ます（粗熱がとれたら、ラップをかけておく）。

4. ボウルにクリームの材料を入れ、ふんわりと泡立てる（七〜八分立て）。スポンジの紙をはがし、焼き色がついた面を上にして紙の上に置き、巻き終わりになる部分をおさまりがいいように斜めに切り落として、クリームを全体に塗り広げる。小さく切ったいちごを散らし、手前側をキュッと折り込むように巻いて芯になる部分を作り、くるくる巻いて巻き終わりを下にしてラップで包み、冷蔵室で1時間以上なじませる。

24cm角のミニロールケーキ天板。これに出会ってから、ずっと愛用してきた30cmと28cmの天板の出番が、ぐんと減ってしまいました。（馬）
→入手先はp128に

ミニロールケーキをキャンディー包みにすれば、持ち歩いても型崩れしにくく、プレゼントにぴったり。包みをといてすぐに食べてもらえるよう、切り分けて1列に並べた状態をラッピングしてもいいですね。

ココアときなこクリームの ミニロール

和洋折衷で取り合わせる、素材の好相性探しがとても興味深くて、思い立つたびにわくわくと試しています。ミスマッチの妙、それはお菓子やお料理の素材だけじゃなくて、テーブルコーディネート、普段の装いなどにも通じるものがありますね。

最近おもしろいなと感じているのが、テーブルを作る際のクロスや器選び。たとえば、黒い塗りの折敷の上に、白い洋食器と藍の染め付け、ガラスの小鉢。カトラリーはお箸とスプーン、お水やお茶はウォーターグラスで。かしこまっている風ですが、お料理はいつもの家庭料理を大皿盛りで取り分けるラフなスタイルにして、メインもお鍋ごとテーブルへ。しめくくりは、ココア生地ときなこクリームのミニロールに、エスプレッソ。おしゃべりの弾む夜になりそうです。

材料（24×24cmの天板1枚分）＊

スポンジ生地
- 薄力粉　20g
- ココアパウダー　15g
- グラニュー糖　45g
- 卵　2個
- 生クリーム　大さじ2

きなこクリーム
- 生クリーム　80ml
- きなこ　大さじ1
- グラニュー糖　大さじ1/2
- コーヒーリキュール（好みで）　小さじ1

＊30cm角の天板で作る場合は、材料を1.5倍に、焼き時間は同じ

下準備

- 卵は室温に戻す。
- 薄力粉とココアパウダーは合わせてふるう。
- 天板にオーブンシート（あればわら半紙）を敷く。
- オーブンを180℃に温める。

作り方

1. スポンジを作る。ボウルに卵とグラニュー糖を入れ、湯せんにかけてハンドミキサーの高速で泡立て、人肌に温まったら湯せんからはずし、白っぽくもったりするまで泡立てる（すくうとゆっくりと落ち、リボン状に積もるくらい）。ハンドミキサーを低速に落とし、キメを整える。

2. 粉類をふり入れ、ゴムベラで底からすくうようにして、ふんわりとツヤっぽい状態になるまでしっかりと混ぜる。電子レンジなどで熱くした生クリームを散らすように加え、手早く混ぜる。

3. 天板に流して平らにならし、180℃のオーブンで10分ほど焼く。天板からはずし、紙をつけたまま冷ます（粗熱がとれたら、ラップをかけておく）。

4. ボウルにきなことグラニュー糖を入れ、生クリーム（少しずつ）、リキュールの順に加えてふんわりと泡立てる（七〜八分立て）。スポンジの紙をはがし、焼き色がついた面を上にして紙の上に置き、巻き終わりになる部分を斜めに切り落として、クリームを全体に広げる。手前側をキュッと折り込むように巻いて芯になる部分を作り、くるくる巻いて巻き終わりを下にしてラップで包み、冷蔵室で1時間以上なじませる。

材料（24×24cmの天板1枚分）*

スポンジ生地
- 薄力粉　30g
- グラニュー糖　45g
- 卵　2個
- 生クリーム　大さじ2

クリーム
- 生クリーム　50ml
- はちみつ　小さじ1
- 好みのリキュール（ここではオレンジ）　小さじ1/2
- アプリコット（缶詰）　半割りのもの3個

*30cm角の天板で作る場合は、材料を1.5倍に、焼き時間は同じ

下準備
- 卵は室温に戻す。
- 薄力粉はふるう。
- 天板にオーブンシート（あればわら半紙）を敷く。
- オーブンを180℃に温める。

作り方

1. スポンジを作る。ボウルに卵とグラニュー糖を入れ、湯せんにかけてハンドミキサーの高速で泡立て、人肌に温まったら湯せんからはずし、白っぽくもったりするまで泡立てる（すくうとゆっくりと落ち、リボン状に積もるくらい）。ハンドミキサーを低速に落とし、キメを整える。

2. 薄力粉をふり入れ、ゴムベラで底からすくうようにして、ふんわりとツヤっぽい状態になるまでしっかりと混ぜる。電子レンジなどで熱くした生クリームを散らすように加え、手早く混ぜる。

3. 天板に流して平らにならし、180℃のオーブンで10分ほど焼く。天板からはずし、紙をつけたまま冷ます（粗熱がとれたら、ラップをかけておく）。

4. アプリコットは小さく切り、キッチンペーパーにのせて汁けをきる。ボウルにクリームの材料を入れてふんわりと泡立て（七〜八分立て）、アプリコットを加えてさっと混ぜる。スポンジの紙をはがし、焼き色がついた面を上にして紙の上に置き、ナイフで2等分して2枚に分け、それぞれ巻き終わり部分を斜めに切り落とす。クリームを全体に広げ、手前側からくるりと巻いて巻き終わりを下にしてラップで包み、冷蔵室で1時間以上なじませる。

アプリコットの
スティックロール

1枚のシートスポンジを2枚に切り分け、それぞれにクリームを塗ってくるっと巻き上げ、スリムなスティック状のロールケーキに仕上げました。そのまま手で持ってでも食べやすいよう、短めにカットしてひとつずつシートで包み、紙ひもをキュッと結んで。広い空の下でパクッと頬張りたくなるような、かわいいおやつロールのでき上がりです。

保冷剤とともに小さなクーラーバッグに入れて、ドライブのお供に連れ出したいな。お弁当を食べた後に、「デザートも作ってきたの」なんて、こんなロールケーキが出てきたら、きっと楽しいですよね。熱いコーヒーをポットに入れて、どこかへ出掛けたくなってきました。さて、誰を誘いましょうか？

焼き上がった生地をナイフで2等分したら、巻き終わりになる部分をそれぞれ斜めに切り落とします。手前側からくるりと巻けば、細長いスティック状のロールケーキが2本でき上がります。

抹茶とつぶあんクリームの ミニロール

和菓子においても、洋菓子においても、抹茶＋あんこは王道のカップル。安心できる間違いのないおいしさだからこそ、忘れずにおさえておきたい1本です。夏場なら、水出しや氷出しでいれた冷たいお煎茶と。昨年は水出しの玄米茶をよく飲んでいました。これも合いそうです。冬場なら、温かなお煎茶や、熱湯でさっと濃く出したほうじ茶で。和食後のデザートにもうれしいですね。
今夜のお菓子は抹茶とあんこのロールケーキだから、と、それに似合った献立を立ててみるのも、おもしろいもの。主菜はあっさりと白身魚をかぶら蒸しにして、副菜は壬生菜とお揚げのさっと煮、焼きれんこんのごまあえを小鉢でつけて、汁ものは長いもとねぎのおみそ汁なんて、いかがでしょう。

材料（24×24cmの天板1枚分）*

スポンジ生地
- 薄力粉　30g
- 抹茶　大さじ1
- グラニュー糖　45g
- 卵黄、卵白　各2個分
- 生クリーム　大さじ3
- 塩　ひとつまみ

つぶあんクリーム
- 生クリーム　50ml
- つぶあん　50g

＊30cm角の天板で作る場合は、材料を1.5倍に、焼き時間は同じ

下準備
・薄力粉と抹茶は合わせてふるう。
・天板にオーブンシート（あればわら半紙）を敷く。
・オーブンを180℃に温める。

作り方

1 スポンジを作る。ボウルに卵白を入れ、塩とグラニュー糖を少しずつ加えながらハンドミキサーで泡立てて、ツヤのあるしっかりとしたメレンゲを作る。卵黄を1個分ずつ加え、均一になじむように混ぜる。

2 粉類をふり入れ、ゴムベラで底からすくうようにして、ふんわりとツヤっぽい状態になるまでしっかりと混ぜる。電子レンジなどで熱くした生クリームを散らすように加え、手早く混ぜる。

3 天板に流して平らにならし、180℃のオーブンで10分ほど焼く。天板からはずし、紙をつけたまま冷ます（粗熱がとれたら、ラップをかけておく）。

4 ボウルにつぶあんを入れ、生クリームを少しずつ加えて泡立て器で混ぜ、ふんわりと泡立てる（七～八分立て）。スポンジの紙をはがし、焼き色がついた面を上にして紙の上に置き、巻き終わりになる部分を斜めに切り落として、クリームを全体に広げる。手前側をキュッと折り込むように巻いて芯になる部分を作り、くるくる巻いて巻き終わりを下にしてラップで包み、冷蔵室で1時間以上なじませる。

抹茶はダマになりやすいので、粉と合わせてふるう前に、あらかじめ茶こしなどでふるっておくとベター。このひと手間で、スムーズに生地になじみます。

材料（24×24cmの天板1枚分）＊

スポンジ生地
- ココアパウダー　15g
- グラニュー糖　40g
- 卵黄、卵白　各2個分
- 塩　ひとつまみ

ホワイトチョコクリーム
- 生クリーム　70ml
- 製菓用ホワイトチョコレート　10g
- 好みのリキュール（ここではオレンジ）　小さじ1/2

＊30cm角の天板で作る場合は、材料を1.5倍に、焼き時間は同じ

下準備
- ココアパウダーは茶こしなどでふるう。
- 天板にオーブンシート（あればわら半紙）を敷く。
- オーブンを180℃に温める。

作り方

1 スポンジを作る。ボウルに卵白を入れ、塩とグラニュー糖を少しずつ加えながらハンドミキサーで泡立てて、ツヤのあるしっかりとしたメレンゲを作る。卵黄を1個分ずつ加え、均一になじむように混ぜる。

2 ココアパウダーをふり入れ、ゴムベラで底からすくうようにして、大きく手早く混ぜる。

3 天板に流して平らにならし、180℃のオーブンで10分ほど焼く。天板からはずし、紙をつけたまま冷ます（粗熱がとれたら、ラップをかけておく）。

4 ホワイトチョコは細かく刻み、電子レンジか湯せんにかけて溶かし、ボウルに移して生クリーム（少しずつ）、リキュールの順に加え、ふんわりと泡立てる（七～八分立て）。スポンジの紙をはがし、焼き色がついた面を上にして紙の上に置き、ナイフで2等分して2枚に分け、それぞれ巻き終わりになる部分を斜めに切り落とす（p31参照）。クリームを全体に広げ、手前側からくるりと巻いて巻き終わりを下にしてラップで包み、冷蔵室で1時間以上なじませる。

ココアとホワイトチョコクリームのスティックロール

私、山崎製パンから出ている「ロールちゃん」の密かなファンです。耳の長いウサギのイラストパッケージが目印、長さはなんと25cmほどもある細長いロールケーキ。大きな声では言えませんが、1人で1本、一度に余裕で食べ切る自信、大いにあります（！）。
ロールちゃんの定番は、たまご風味のスポンジに白いホイップクリームと、ココア風味のスポンジにチョコホイップクリームの2種類。ほかに期間限定や地域限定で、バラエティーに富んだフレーバーが時々登場します。私が食べてみたいのは、チョコスポンジに白いクリームを巻いたロールちゃん。それがなかなか出てこないんですよね。それならば、と、たかこメイドのロールちゃん、作ってみました（笑）。

とてもミルキーでクリーミーなおいしさ、ベルギー・カレボー社の製菓用ホワイトチョコレート。小さめのタブレット状だから、刻む手間は不要、なめらかに溶けてくれます。（ク）→入手先はp128に

白いミニロール

きめ細やかに泡立った、メレンゲの白いつややかさをそのまま生地に生かし、クリームも白でまとめた、真っ白なロールケーキ。焼き上がった生地表面の焼き色部分をていねいにはがしてから、クリームを塗り広げて巻けば、生地とクリームの境目があやふやなほど白一色になるのですが、薄茶色でくるりと描かれる渦巻きをアクセントにしたくて、焼き色部分を残して巻きました。
中のクリームは、生クリームだけのシンプルなクリームにするか、ホワイトチョコを溶かしたクリームにするか、水切りしたヨーグルトで酸味のきいたクリームにしようかなどと迷いながら、今日はコクのあるマスカルポーネチーズで作るクリームを選びました。

甘くクリーミーでなめらかなチーズ、マスカルポーネ。これに明太子を混ぜるだけの簡単ディップ、クラッカーやパンにつけて食べてもよく合います。

材料（24×24cmの天板1枚分）＊

スポンジ生地
- 薄力粉　30g
- グラニュー糖　40g
- 卵白　3個分
- 生クリーム　大さじ1＋小さじ1
- 塩　ひとつまみ

チーズクリーム
- マスカルポーネチーズ　30g
- グラニュー糖　大さじ1/2
- 生クリーム　大さじ4
- 好みのリキュール（ここではオレンジ）　小さじ1/2

＊30cm角の天板で作る場合は、材料を1.5倍に、焼き時間は同じ

下準備
- 薄力粉はふるう。
- 天板にオーブンシート（あればわら半紙）を敷く。
- オーブンを170℃に温める。

作り方

1 スポンジを作る。ボウルに卵白を入れ、塩とグラニュー糖を少しずつ加えながらハンドミキサーで泡立てて、ツヤのあるしっかりとしたメレンゲを作る。

2 薄力粉をふり入れ、ゴムベラで底からすくうようにして、ふんわりとツヤっぽい状態になるまでしっかりと混ぜる。電子レンジなどで熱くした生クリームを散らすように加え、手早く混ぜる。

3 天板に流して平らにならし、170℃のオーブンで10分ほど焼く。天板からはずし、紙をつけたまま冷ます（粗熱がとれたら、ラップをかけておく）。

4 ボウルにマスカルポーネチーズ、グラニュー糖を入れて泡立て器ですり混ぜ、生クリーム（少しずつ）、リキュールの順に加えてふんわりと泡立てる（七〜八分立て）。スポンジの紙をはがし、焼き色がついた面を上にして紙の上に置き、巻き終わりになる部分を斜めに切り落として、クリームを全体に広げる。手前側をキュッと折り込むように巻いて芯になる部分を作り、くるくる巻いて巻き終わりを下にしてラップで包み、冷蔵室で1時間以上なじませる。

材料 （24×24cmの天板1枚分）＊

スポンジ生地
- 薄力粉　30g
- グラニュー糖　45g
- 卵黄、卵白　各2個分
- 塩　ひとつまみ
- 紅茶の葉　4g（ティーバッグなら2袋）
- 生クリーム　大さじ3

チョコクリーム
- 生クリーム　80ml
- 製菓用チョコレート（セミスイート）　15g
- 牛乳　大さじ1/2

＊30cm角の天板で作る場合は、材料を1.5倍に、焼き時間は同じ

下準備
- 紅茶は細かく刻み（ティーバッグならそのままで）、生クリームと合わせておく。
- 薄力粉はふるう。
- 天板にオーブンシート（あればわら半紙）を敷く。
- オーブンを180℃に温める。

作り方

1 スポンジを作る。ボウルに卵白を入れ、塩とグラニュー糖を少しずつ加えながらハンドミキサーで泡立てて、ツヤのあるしっかりとしたメレンゲを作る。卵黄を1個分ずつ加え、均一になじむように混ぜる。

2 薄力粉をふり入れ、ゴムベラで底からすくうようにして、ふんわりとツヤっぽい状態になるまでしっかりと混ぜる。電子レンジなどで熱くした紅茶＋生クリームを散らすように加え、手早く混ぜる。

3 天板に流して平らにならし、180℃のオーブンで10分ほど焼く。天板からはずし、紙をつけたまま冷ます（粗熱がとれたら、ラップをかけておく）。

4 チョコレートは細かく刻み、牛乳と合わせて電子レンジか湯せんにかけて溶かし、ボウルに移して生クリームを少しずつ加えて混ぜ、ふんわりと泡立てる（七～八分立て）。スポンジの紙をはがし、焼き色がついた面を上にして紙の上に置き、巻き終わりになる部分を斜めに切り落として、クリームを全体に広げる。手前側をキュッと折り込むように巻いて芯になる部分を作り、くるくる巻いて巻き終わりを下にしてラップで包み、冷蔵室で1時間以上なじませる。

紅茶とチョコクリームのミニロール

紅茶とホワイトチョコレートを組み合わせた、繊細かつ上品な味わいのお菓子が好きで、ロールケーキ以外にもシフォン、スコーン、バターケーキ、クッキーなどなど、愛作歴（？　笑）はかなり長いです。
この紅茶＋黒いチョコレートで作るお菓子の魅力に目覚めたのは、ここ数年のことですが、今ではすっかり魅了され、ダージリンを忍ばせたガトーショコラ、レディーグレイを香らせたチョコレートのバターケーキ、ウヴァのチーズケーキにビターなチョコレートソースをマーブル状に加えてみたり、プレーンなシフォン生地にアールグレイの茶葉と刻んだチョコレートを散らしてみたりと、思いつくままにあれやこれやと作っています。

おたのしみのお菓子③

【バニラのサボアケーキ】

ビスキュイ・ド・サヴォアという、ふわふわで少しカサッとサクッとした口あたりを持った、非常に軽い生地感のケーキがあります。フランスはサヴォア地方に古くから伝わる伝統菓子で、本来の配合ではバターやオイルを入れないのですが、ここでは生クリームを加え、まろやかさとしっとりさを少し加えたレシピで焼いてみました。素直さが持ち味の、素朴で気どりのないケーキです。
焼きっぱなしに粉砂糖で薄化粧したら、切り分けてそのまま食べてもよし、泡立てた生クリームやジャムを添えてもよし。温かなカフェオレやミルクティーと一緒に、どうぞめし上がれ。

材料（直径18cmのリング型1台分）

a ｛
- コーンスターチ　50g
- アーモンドパウダー　20g
- 薄力粉　10g
- ベーキングパウダー　小さじ1/3
｝
- 粉砂糖　80g
- 卵黄、卵白　各2個分
- 生クリーム　50ml
- バニラビーンズ　1本
- 塩　ひとつまみ

下準備

・生クリームはとろりと泡立て（六分立て）、冷蔵室に入れておく。
・aは合わせてふるう。
・型にバターを塗って粉をはたく（ともに分量外）。
・オーブンを160℃に温める。

作り方

1　ボウルに卵黄、粉砂糖の1/3量を入れ、泡立て器かハンドミキサーで白っぽくふんわりするまですり混ぜ、バニラビーンズ（縦半分に割って種をしごき出して）を加えて混ぜる。

2　別のボウルに卵白を入れ、塩と残りの粉砂糖を少しずつ加えながらハンドミキサーで泡立てて、ツヤのあるしっかりとしたメレンゲを作る。1→a→泡立てた生クリームの順に加え、そのつどゴムベラで底からすくうようにして、手早くていねいに混ぜる。

3　型に流して平らにならし、160℃のオーブンで30分ほど焼く。型から出して冷ます。

ミニシフォンケーキ

太陽の光を浴びて、さっぱりと乾いた洗いたてのコットンのシャツや、
チクチクしない、なめらかなカシミアのストール、
肌にしっとりと吸いつくような、シルクのパジャマ。
身に着けるものならば、肌触りに違和感のない素材が心地よいように、
しなやかなシフォン生地のやわらかな舌触りは、幸せ感にあふれています。
まとめて焼くなら、直径17cmのシフォン型1台分のレシピ。
今回は直径10cmのミニなアルミのシフォン型と、
紙コップみたいな形をした、紙のベーキングカップで作りました。
こんなふうにして小さく焼いても、ほわほわで、
しゅわっとしたシフォンならではの食感は健在です。

オレオのミニシフォン

コーヒーやミルクと一緒に、そのまま食べておいしいオレオクッキー。これをひとつの材料として使用するお菓子作りがおもしろくて、ざっと砕いてケーキ生地に混ぜ込んだり、細かく砕いてチーズケーキのボトムにしたり、ミニオレオクッキーをデコレーションのトッピングにあしらってみたりと、大いに活用しています。「真っ黒でビターなクッキーが必要なら、ブラックココアを使って手作りすればいいんじゃない?」という私の心の声が、時々ふっと耳をかすめるのだけれど、市販のクッキーを使うというところにポイントがあるわけで、その気軽さと、クッキー作りのひと手間を省ける手軽さは、やっぱり捨てられなかったりします。

ミニなシフォン型と小ぶりなベーキングカップで作るシフォンは、思わず笑みがこぼれそうになるほど、チャーミングな姿に焼き上がります。生地を入れる際、ボウルごとやゴムベラでは入れにくいなぁと感じたら、ディナースプーンや絞り出し袋などを使ってみてくださいね。

材料（直径10cmのシフォン型4台分）*

- 薄力粉　65g
- ベーキングパウダー　小さじ1/4
- グラニュー糖　65g
- 卵黄、卵白　各3個分
- 牛乳　50ml
- サラダ油　40ml
- 塩　ひとつまみ
- オレオクッキー（クリームを除いて）　4～5組（30g）

*直径17cmのシフォン型なら1台分、焼き時間は160℃で約30分

下準備

- オレオクッキーはポリ袋に入れ、めん棒で粗く砕く。
- 薄力粉とベーキングパウダーは合わせてふるう。
- オーブンを160℃に温める。

作り方

1. ボウルに卵黄、グラニュー糖の1/3量を入れて泡立て器でなじむまで混ぜ、牛乳（少しずつ）→サラダ油（少しずつ）→粉類の順に加え、そのつどよく混ぜる。砕いたオレオも加え、全体にさっと混ぜる。

2. 別のボウルに卵白を入れ、塩と残りのグラニュー糖を少しずつ加えながらハンドミキサーで泡立てて、ツヤのあるしっかりとしたメレンゲを作る。これを1のボウルにひとすくい加え、ぐるぐるっとなじませる。残りのメレンゲの半量を加え、ゴムベラで底からすくうように軽く混ぜたら、今度はそれをメレンゲのボウルに戻し入れ、底からすくうようにして白い筋が見えなくなるまで手早く混ぜる。

3. 型に流し、軽くゆすって生地を落ち着かせ、160℃のオーブンで20～25分焼く（中央に竹串をさしてみて、どろっとした生地がつかなければ焼き上がり）。型を逆さにして完全に冷ます。型から出す時は、型の側面とケーキの間にナイフを差し込んで一周させ、型からはずす→筒部分、底とケーキの間にもナイフを一周させてはずす。

小ささがかわいすぎる、直径10cmのアルミシフォン型。生地入れと洗うのがちょっとめんどうだけれど、焼き上がりの姿を見ると、その苦労も吹き飛びます。4台分で、直径17cmのシフォン型1台分になります。（馬）→入手先はp128に

ナビスコの「オレオ」。クリームを除いて使うことが多いので、クッキー部分だけのものがあればなぁと、密かに思い続けています。

紙のミニカップ（p41参照）で焼いたシフォンで、こんなひと皿はいかがですか？高さを3等分にスライスして、ほんわりと泡立てた生クリームをはさみ、トップにクリームと割ったオレオを飾りました。

コーヒーのミニシフォン

キッチンにいつも置いているコーヒーは、ネスプレッソ、ドリップコーヒー、インスタントコーヒーとたんぽぽコーヒー。数年前、インスタントコーヒーをいれるマシン、「ネスカフェ バリスタ」がおもしろそうだわと、うちにも導入してみました。インスタントの1杯も、ただボタンを押すだけでスピーディーにはいるところがとても便利。フォームミルクを作る機能もついていて、ややキメの粗い泡ではあるものの、カプチーノの気分は十分に味わえます。
「どれ飲む？」と、遊びに来てくれたコーヒー好きのお友達に選んでもらう選択肢が増えて、うちカフェ時間がますます楽しい今日この頃。コーヒーのシフォンを焼いて待ってるから、Sちゃん、Mさん、いつでもおしゃべりしに来てね。

材料（直径10cmのシフォン型4台分）＊
薄力粉　70g
ベーキングパウダー　小さじ1/4
グラニュー糖　65g
卵黄、卵白　各3個分
インスタントコーヒー（粉末のもの）　大さじ2
牛乳　50ml
サラダ油　40ml
塩　ひとつまみ
＊直径17cmのシフォン型1台分、焼き時間は160℃で約30分

下準備
・コーヒーは牛乳で溶いておく。
・薄力粉とベーキングパウダーは合わせてふるう。
・オーブンを160℃に温める。

作り方
1 ボウルに卵黄、グラニュー糖の1/3量を入れて泡立て器でなじむまで混ぜ、コーヒー＋牛乳（少しずつ）→サラダ油（少しずつ）→粉類の順に加え、そのつどよく混ぜる。
2 別のボウルに卵白を入れ、塩と残りのグラニュー糖を少しずつ加えながらハンドミキサーで泡立てて、ツヤのあるしっかりとしたメレンゲを作る。これを1のボウルにひとすくい加え、ぐるぐるっとなじませる。残りのメレンゲの半量を加え、ゴムベラで底からすくうように軽く混ぜたら、今度はそれをメレンゲのボウルに戻し入れ、底からすくうように白い筋がなくなるまで手早く混ぜる。
3 型に流し、軽くゆすって生地を落ち着かせ、160℃のオーブンで20〜25分焼く。型を逆さにして完全に冷ます（型からの出し方はp39へ）。

香りよく深い味わいの、「ネスカフェ プレジデント」。お菓子の素材としても、そのまま飲むインスタントコーヒーとしても愛用しています。

材料（直径7cm×高さ7cmの紙カップ7個分）*
- 薄力粉　70g
- ベーキングパウダー　小さじ1/4
- 黒砂糖（粉末のもの）　65g
- 卵黄、卵白　各3個分
- 牛乳　50ml
- サラダ油　40ml
- 塩　ひとつまみ

*直径17cmのシフォン型1台分、焼き時間は160℃で約30分

下準備
- 薄力粉とベーキングパウダーは合わせてふるう。
- オーブンを160℃に温める。

作り方
1. ボウルに卵黄、黒砂糖の1/3量を入れて泡立て器でなじむまで混ぜ、牛乳（少しずつ）→サラダ油（少しずつ）→粉類の順に加え、そのつどよく混ぜる。
2. 別のボウルに卵白を入れ、塩と残りの黒砂糖を少しずつ加えながらハンドミキサーで泡立てて、ツヤのあるしっかりとしたメレンゲを作る。これを1のボウルにひとすくい加え、ぐるぐるっとなじませる。残りのメレンゲの半量を加え、ゴムベラで底からすくうように軽く混ぜたら、今度はそれをメレンゲのボウルに戻し入れ、底からすくうようにして白い筋が見えなくなるまで手早く混ぜる。
3. 型に流し、160℃のオーブンで18〜20分焼く。逆さにせず、そのまま冷ます。

黒糖のミニシフォン

ビタミンやミネラルを豊富に含み、強い個性と、じんわり温かな甘さを持ち合わせた黒糖。その滋味をストレートに味わえるシフォンを、ペーパーカップで焼きました。紙コップで作るシフォンって、以前から好きだったのですが、焼成用ではない紙コップを高温のオーブンに入れるのはちょっと…と、あまり積極的にはなれませんでした。そこで出会った、このベーキングカップ。かなり薄手の紙製なのですが、理想としていた紙コップの形そのもので、手にして以来、プレゼントシフォンの7割は、ほぼこれで焼いています。1人でも食べ切りやすいサイズ感、紙をピーッとはがして、手でちぎりながら口に入れられるカジュアルさ、評判も上々です。

シフォンを小さく焼く際、本当によく使っているミニカップ。これは直径7cmのもので、大・中・小と3サイズある中でいちばん大きなタイプ。もしなければ、普通の紙カップで焼いてもOKです。「カフェスイーツ CA23 メッセージ」は（コ）→入手先はp128に

メープルナッツの
ミニシフォン

メープルシュガーにナッツを合わせた、ざっくばらんになごめる印象のシフォンケーキです。くるみ、アーモンド、ピーカンナッツ、ヘーゼルナッツなど、使うナッツは何でもOK。好みや気分で選んでくださいね。今日はマカダミアナッツをチョイスしました。メープルの生地色に溶け込んでしまうような淡い色みのナッツゆえ、一見するとその存在感は曖昧だけれど、食べてみればサクッと軽快に砕けるマカダミアの歯応えに、心躍ります。メープルシュガーがなければ、きび砂糖や、半々の割合で合わせたブラウンシュガーとグラニュー糖で作ってみて。風味は違っても、ナッツと相性のよい素朴で奥行きのある味わいの生地に。

材料（直径7cm×高さ7cmの紙カップ7個分）＊
薄力粉　65g
ベーキングパウダー　小さじ1/4
メープルシュガー　65g
卵黄、卵白　各3個分
牛乳　50㎖
サラダ油　40㎖
塩　ひとつまみ
マカダミアナッツ　50g
＊直径17cmのシフォン型1台分、焼き時間は160℃で約30分

下準備
・ナッツは160℃のオーブンで6～8分から焼きし、冷めたら粗く砕く。
・薄力粉とベーキングパウダーは合わせてふるう。
・オーブンを160℃に温める。

作り方
1　ボウルに卵黄、メープルシュガーの1/3量を入れて泡立て器でなじむまで混ぜ、牛乳（少しずつ）→サラダ油（少しずつ）→粉類→ナッツの順に加え、そのつどよく混ぜる。
2　別のボウルに卵白を入れ、塩と残りのメープルシュガーを少しずつ加えながらハンドミキサーで泡立てて、ツヤのあるしっかりとしたメレンゲを作る。これを1のボウルにひとすくい加え、ぐるぐるっとなじませる。残りのメレンゲの半量を加え、ゴムベラで底からすくうように軽く混ぜたら、今度はそれをメレンゲのボウルに戻し入れ、底からすくうようにして白い筋が見えなくなるまで手早く混ぜる。
3　型に流し、160℃のオーブンで18～20分焼く。逆さにせず、そのまま冷ます。

サクサクの軽い歯応えと、ほんのりと感じられる甘みがうれしいマカダミアナッツ。コクのあるH.T.EMICOTTのメープルシュガーと好相性です。どちらも（ク）→入手先はp128に

材料（直径10cmのシフォン型4台分）＊

- 薄力粉　70g
- ベーキングパウダー　小さじ1/4
- グラニュー糖　35g
- 卵黄、卵白　各3個分
- サラダ油　40ml
- レモン汁　小さじ1
- 塩　ひとつまみ
- ブルーベリージャム　90g

＊直径17cmのシフォン型1台分、焼き時間は160℃で約30分

下準備

- 薄力粉とベーキングパウダーは合わせてふるう。
- オーブンを160℃に温める。

作り方

1. ボウルに卵黄を入れて泡立て器でよく溶きほぐし、ブルーベリージャムとレモン汁→サラダ油（少しずつ）→粉類の順に加え、そのつどよく混ぜる。
2. 別のボウルに卵白を入れ、塩とグラニュー糖を少しずつ加えながらハンドミキサーで泡立てて、ツヤのあるしっかりとしたメレンゲを作る。これを1のボウルにひとすくい加え、ぐるぐるっとなじませる。残りのメレンゲの半量を加え、ゴムベラで底からすくうように軽く混ぜたら、今度はそれをメレンゲのボウルに戻し入れ、底からすくうように白い筋がなくなるまで手早く混ぜる。
3. 型に流し、軽くゆすって生地を落ち着かせ、160℃のオーブンで20～25分焼く。型を逆さにして完全に冷ます（型からの出し方はp39へ）。

ブルーベリージャムの
ミニシフォン

フルーツのジャムは冷蔵庫にいくつか常備していて、フレッシュなフルーツがない朝にプレーンなヨーグルトを食べる時や、お菓子作りによく使っています。マフィンや蒸しケーキに忍ばせる、クッキーにのせる、マーブル模様のもとにするなどの利用率が高いかな。

来客時のごはん作りで、デザートに回す余力を失くしてしまった日には、牛乳に浸した市販のプレーンなビスケット、お砂糖を加えずに泡立てた生クリーム、あり合わせのジャムをグラスや密閉容器に段々に重ね、トライフル風なお菓子を作ることがあります。本当に簡単だけれど、冷蔵庫の中でしっとりなじんだビスケットとクリームにジャムのハーモニー、なかなかあなどれません。

ブルーベリージャムは、使うものによって、焼き上がった生地の色みや風味が微妙に変わってきます。そんな違いを楽しみながら、いろいろな種類を試してみて。

おたのしみのお菓子④

【ワッフル】

クッキーワッフルと呼びたくなるような、クッキーみたいな、スコーンみたいな、さっくりライトな食感のワッフルです。焼きたてがいちばんの食べ頃だから、焼きながら食べて、残った分にアイシングデコレーションする、くらいのスタンスでいつも作っています。

クイック＆イージーなこのレシピ、フードプロセッサーを使えば、生地作りはさらにスピーディー。粉類を入れ、さっと回してふるい、液体材料を加えて、ざっとまとまるまで回すだけです。ワッフルベーカー1台だと、一度に2個ずつしか焼けない点が少しもどかしくもあるのだけれど、お茶でも飲みながら、あせらずのんびりと、ね。

材料（直径6cmのもの10個分）

a
- 薄力粉　150g
- ベーキングパウダー　小さじ2/3
- 塩　小さじ1/4
- グラニュー糖　25g

b
- 卵黄　1個分
- 生クリーム　80mℓ
- 溶かしバター（食塩不使用）　35g
- はちみつ　大さじ1/2

メープルアイシング
- 粉砂糖　30g
- メープルシロップ　小さじ4

ミルクアイシング
- 粉砂糖　30g
- 牛乳　小さじ1

ビタントニオ社の「ワッフルベーカー」は、あらかじめしっかりと熱してから使います。小さく丸めた生地をのせ、こんがりするまで焼き上げます。

作り方

1　ボウルにa（合わせてふるい入れて）、グラニュー糖を入れ、泡立て器でぐるぐるっと混ぜてふるう。合わせたbを加え、ゴムベラでさっくりと混ぜ、なじんできたらゴムベラを押しつけながらまとめ、手で軽くこねて手早くひとまとめにする。

2　生地を10等分して丸め、熱したワッフルメーカーにのせ、両面をこんがりと焼く。

3　アイシングの材料をそれぞれ小さな容器に入れ、スプーンでとろりとなめらかに混ぜる。ワッフルが冷めたら、スプーンなどでかける。

バターケーキ

飾りたてることなく、焼き上げたままの姿を愛でたいバターケーキ。
こんがりとムラのない、焼き色のきつね色そのものが、
最高のデコレーションだと感じます。
また、型で遊べるのも、このお菓子のおもしろいところ。
スクエア型、クグロフ型、マフィン型など、大きさや形を違えることで、
見た目や口に入れた時の生地の印象が、がらりと変わります。
焼いたその日から翌日、そのまた翌日と、
材料どうしが手をつなぎ、溶け合うように調和して、
落ち着きこなれてゆく味の変化も、ぜひ楽しんでみてください。

レモンの香りのバターケーキ

　レモンの香りがふわりと漂う、ごくシンプルなバターケーキです。今日は四角のまっすぐさが潔い、すっとしたパウンド型で焼きました。均等に切り分けたい時、不公平やロスが出ないよう、バターケーキは丸い型で焼くほうが好きなのですが、直方体にキリリと焼き上がった格好には、スタンダードな美しさが感じられて。基本に立ち返りたい気持ちで向かうお菓子には、パウンド型を迷わず選んでいる私です。
　このケーキに使っているのは、レモンの表皮のみ。さわやかな香りだけがふわりと漂う、甘酸っぱさのないプレーンな生地になります。お好みでレモンのアイシングをかけたり、レモンシロップをしみ込ませたりしてもいいですね。シロップは、水、レモン汁、グラニュー糖を大さじ2ずつ、小鍋に入れて火にかけます。一度軽く沸騰させ、グラニュー糖が溶ければOK。電子レンジで加熱しても大丈夫です。ケーキが焼き上がったらすぐ、表面にたっぷりとハケでしみ込ませて。レモンの風味としっとりさがさらに加わって、また別のおいしいケーキになります。

材料（18×8×8cmのパウンド型1台分）

- 薄力粉　90g
- アーモンドパウダー　30g
- ベーキングパウダー　小さじ1/8
- { バター（食塩不使用）　90g
-   牛乳　大さじ1
-   はちみつ　大さじ1/2 }
- グラニュー糖　90g
- 卵黄、卵白　各2個分
- レモンの皮（国産のもの）　1個分
- 塩　ひとつまみ

下準備

- レモンの皮はすりおろす。
- 薄力粉、アーモンドパウダー、ベーキングパウダーは合わせてふるう。
- 型にオーブンシートを敷くか、バターを塗って粉をはたく（ともに分量外）。

作り方

1. 耐熱容器にバター、牛乳、はちみつを入れ、電子レンジか湯せんにかけて溶かし、湯にあてて温めておく。オーブンを160℃に温める。
2. ボウルに卵白を入れ、塩とグラニュー糖を少しずつ加えながらハンドミキサーで泡立てて、ツヤのあるしっかりとしたメレンゲを作る。卵黄を1個分ずつ加え、均一になじむように混ぜる。
3. 1のバター液を2〜3回に分けて加え、泡立て器で底からすくうようにして混ぜる。粉類をふり入れ、ゴムベラで底からすくうようにして手早くていねいに混ぜ、レモンの皮も加え、全体に混ぜる。
4. 型に流して平らにならし、160℃のオーブンで45分ほど焼く（中央に竹串をさしてみて、どろっとした生地がつかなければ焼き上がり）。型から出して冷ます。

レモンの表皮は、アメリカ・マイクロプレイン社の「ゼスターグレーター」（すりおろし器）で薄く細かく削っています。切れ味がよく、目詰まりもしにくい、秀逸な道具です。

レモンの香りのケーキだから、レモンをかたどった型で焼いて、キュンと甘酸っぱいレモン風味のアイシングでデコレーションしても。アイシングは、粉砂糖大さじ3強とレモン汁小さじ1をとろりとするまで混ぜ、冷めたケーキにスプーンや絞り出し袋で細くかけます。

チョコマーブルの
バターケーキ

ちょっぴり個性的なヘーゼルナッツパウダーを使った生地で、チョコレートマーブルのケーキを作りました。ヘーゼルナッツの香ばしく甘い風味って、チョコレートと実によく合うと感じていて、ガトーショコラやチョコレートタルトを作る時にも、積極的に取り入れています。
はっきりとしたきれいなマーブル模様を描くには、合わせた2種類の生地を混ぜすぎないことがポイントかな。ゴムベラで大きく軽く、1～2回混ぜ返すだけにとどめて。型に生地を入れるプロセスでも、再度混ざる状態になるので、生地作りの段階で「こんなんじゃ、混ぜ足りないかも」と思っても大丈夫、安心してくださいね。

チョコレートと相性のよい、ヘーゼルナッツパウダー（プードル）。風味は変わりますが、なければアーモンドパウダーで代用可能です。（ク）→入手先は p128 に

いろいろなメーカーのチョコレートを試しては、これに戻ってきます。私の原点ともいえる製菓用チョコレート、ベルギー・カレボー社のセミスイート。（ク）→入手先は p128 に

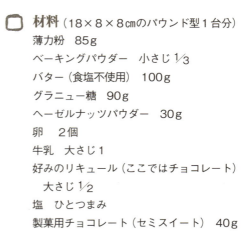

材料（18×8×8cmのパウンド型1台分）
薄力粉　85g
ベーキングパウダー　小さじ1/3
バター（食塩不使用）　100g
グラニュー糖　90g
ヘーゼルナッツパウダー　30g
卵　2個
牛乳　大さじ1
好みのリキュール（ここではチョコレート）
　大さじ1/2
塩　ひとつまみ
製菓用チョコレート（セミスイート）　40g

下準備
・バターと卵は室温に戻す。
・チョコレートは細かく刻み、電子レンジか湯せんにかけて溶かす。
・薄力粉、ベーキングパウダー、塩は合わせてふるう。
・型にオーブンシートを敷くか、バターを塗って粉をはたく（ともに分量外）。
・オーブンを160℃に温める。

作り方
1　ボウルにやわらかくしたバターを入れ、泡立て器かハンドミキサーでクリーム状に練り、グラニュー糖を加えて白っぽくふんわりするまですり混ぜる。溶いた卵の半量（少しずつ）→ヘーゼルナッツパウダー→残りの卵（少しずつ）の順に加え、そのつどよく混ぜる。
2　粉類をふり入れ、ゴムベラで底からすくうようにして混ぜ、牛乳とリキュールも加え、ツヤが出るまで手早くていねいに混ぜる。
3　2の1/3量を別のボウルに取り分け、溶かしたチョコを混ぜてチョコ生地を作る。これを元のボウルに戻し入れ、ゴムベラで大きく1～2回混ぜてマーブル模様を作る。
4　型に流して平らにならし、160℃のオーブンで45分ほど焼く。

材料（直径8cmのココット型7個分）＊

- 薄力粉　50g
- ココアパウダー　20g
- ベーキングパウダー　小さじ1/3
- バター（食塩不使用）　100g
- グラニュー糖　80g
- アーモンドパウダー　50g
- 卵　2個
- はちみつ　大さじ1
- 牛乳　大さじ1
- 塩　ひとつまみ
- { ドライいちじく　80g
- 　ラム酒　大さじ1＋小さじ1

＊直径7cmのマフィン型なら8個分、焼き時間は170℃で約25分

下準備

- バターと卵は室温に戻す。
- いちじくは細かく刻み、ラム酒をふる。
- 薄力粉、ココアパウダー、ベーキングパウダー、塩は合わせてふるう。
- 型にバターを塗って粉をはたく（ともに分量外）。
- オーブンを170℃に温める。

作り方

1. ボウルにやわらかくしたバターを入れ、泡立て器かハンドミキサーでクリーム状に練り、グラニュー糖を加えて白っぽくふんわりするまですり混ぜる。はちみつ→溶いた卵の半量（少しずつ）→アーモンドパウダー→残りの卵（少しずつ）の順に加え、そのつどよく混ぜる。
2. 粉類をふり入れ、ゴムベラで底からすくうようにして混ぜ、やや粉っぽさが残るくらいでいちじくを加え、ツヤが出るまで手早くていねいに混ぜる。最後に牛乳を加え、全体になじませる。
3. 型に流して平らにならし、170℃のオーブンで25〜30分焼く。型から出して冷ます。

ココアといちじくの
バターケーキ

きれいにスタッキングできて、収納もスムーズ。何かと使い勝手がよいので、型として以外にも小さな材料や計量した調味料を入れたりなど、お菓子作りやお料理の場面でも活躍させている、花の形をゆるくかたどった陶器製のココット型。「フラワースフレ」という名前がついています。プレゼント包材を探して、ネットショップの画面をうろうろしていた時に出会いました。「これでフルーツケーキを焼きたい！」と、そのままポチッと。そうしてうちにやってきたココットで焼いたケーキは、思った通りに愛らしく、よいお買い物をしたなぁと悦に入っています。今日のお菓子は、ココアといちじくのバターケーキ。ココットの白に映えるココア色の生地で、コントラストを楽しんで。

ココアはお砂糖の入っていない、ピュアなものを。私は、フランス・ベック社とヴァローナ社のパウダーを長く愛用しています。（ク）→入手先はp128に

プチプチッとした食感がおいしいドライいちじく（ドライフィグ）は、くるみと合わせてスコーンに焼き込むのもお気に入りです。（ク）→入手先はp128に

紅茶とりんごの バターケーキ

私の初めてのレシピ本の中に、「りんごのカントリーケーキ」というバターケーキがあります。このお菓子が結び広げてくれた縁は数多く、まつわるエピソードや想い出話の尽きない、懐かしくも大切に思っているお菓子。レシピは年を経るうちに変化しながら、紅玉がお店に並ぶと毎年焼いていて、「そろそろかな？」と、おすそ分けを楽しみにしていてくれる友人もちらほら（笑）。

そのレシピをベースに、アールグレイをふんわりと香らせたのが、この紅茶とりんごのケーキです。紙の四角いベーキングトレイで焼いて、赤いリボンをかけて。待ってくれているみんなに、今年の秋も贈りたいと思います。

正方形で、やや深さのある紙製のベーキングトレイ。お菓子を焼くだけではなくて、ラッピング用のミニトレイとして使ってもおしゃれ。中に敷くペーパーとセットで売られています。「BT-F バスケットセット」は（コ）→入手先は p128 に

□ **材料**（9×9cmの紙のベーキングトレイ3個分）＊
薄力粉　55g
アーモンドパウダー　65g
ベーキングパウダー　小さじ1/4
バター（食塩不使用）　65g
グラニュー糖　65g
卵　1個
塩　ひとつまみ
{ りんご　1個
　紅茶の葉　4g（ティーバッグなら2袋）
　ラム酒　大さじ1 }
＊直径7cmのマフィン型なら8個分、焼き時間は170℃で約25分

□ **下準備**
・卵は室温に戻す。
・りんごは皮をむいて小さめに切り、細かく刻んだ紅茶の葉（ティーバッグならそのままで）、ラム酒と合わせておく。
・薄力粉、アーモンドパウダー、ベーキングパウダー、塩は合わせてふるう。
・型に紙カップを敷く。

□ **作り方**
1 耐熱容器にバターを入れ、電子レンジか湯せんにかけて溶かし、湯にあてて温めておく。オーブンを170℃に温める。

2 ボウルに卵とグラニュー糖を入れ、湯せんにかけてハンドミキサーの高速で泡立て、人肌に温まったら湯せんからはずし、白っぽくもったりするまで泡立てる（すくうとゆっくり、とろりと流れ落ちるくらい）。ハンドミキサーを低速に落とし、キメを整える。

3 1のバターを2～3回に分けて加え、泡立て器で底からすくうようにして混ぜる。粉類をふり入れ、ゴムベラで底からすくうようにして混ぜ、やや粉っぽさが残るくらいでりんご＋紅茶の葉＋ラム酒を加え、手早くていねいに混ぜる。

4 型に流して平らにならし、170℃のオーブンで30～35分焼く。

材料（直径16cmのクグロフ型1台分）
薄力粉　90g
ベーキングパウダー　小さじ1/4
バター（食塩不使用）　100g
グラニュー糖　80g
アーモンドパウダー　30g
卵黄、卵白　各2個分
牛乳　大さじ1
はちみつ　大さじ1/2
塩　ひとつまみ
{ フルーツミックス　100g
{ ラム酒　大さじ1/2

下準備
- バターは室温に戻す。
- フルーツミックスはラム酒と合わせておく。
- 薄力粉とベーキングパウダーは合わせてふるう。
- 型にバターを塗って粉をはたく（ともに分量外）。
- オーブンを160℃に温める。

作り方
1　ボウルにやわらかくしたバターを入れ、泡立て器かハンドミキサーでクリーム状に練り、グラニュー糖の半量を加えて白っぽくふんわりするまですり混ぜる。卵黄（1個分ずつ）→はちみつ→アーモンドパウダー→牛乳とフルーツミックスの順に加え、そのつどよく混ぜる。

2　別のボウルに卵白を入れ、塩と残りのグラニュー糖を少しずつ加えながらハンドミキサーで泡立てて、ツヤのあるしっかりとしたメレンゲを作る。

3　1のボウルに2のメレンゲをひとすくい加え、泡立て器でぐるぐるっとなじませる。粉類の半量→メレンゲの半量→残りの粉類→残りのメレンゲの順に加え、そのつどゴムベラで底からすくうようにして、ツヤが出るまで手早くていねいに混ぜる。

4　型に流して平らにならし、160℃のオーブンで45分ほど焼く。型から出して冷ます。

フルーツケーキ

たたずまいのよさはさることながら、真ん中に空洞があることで火が通りやすく、しっとりとした配合の生地もきれいに焼き上げてくれるところがお気に入り。見目うるわしく、クラシカルな風格を感じさせるクグロフ型で焼いたバターケーキは、背筋を伸ばしたい、きちんとした場面でのお遣いものにも重宝します。
ホールごと透明セロファンで包み、ワックスペーパーやレースペーパーにのせて、パッキング材を入れた箱へ。そんなふうにして贈るお菓子では、フルーツケーキをいちばんよく焼いているような気がします。2番手はチョコレート生地にラムレーズンを焼き込んだケーキで、3番手が特別な材料の入らないプレーンなケーキ。定番かつ王道のおいしさに安心できるレシピ、頼りになります。

フルーツミックスの中身は、りんご、レーズン、白桃、杏、洋梨、レモン、オレンジ、チェリー、パイン。しっとりとやわらかなドライフルーツの砂糖漬けです。「フルーツMIX 55」は（ク）→入手先はp128に

このクグロフ型は、フランス・マトファー社製。いくつか持っているクグロフ型の中で、いちばん好きな形と大きさ。ノンスティック（フッ素樹脂）加工されていて、型離れもよいのです。

おたのしみのお菓子⑤

【アップルパイ】

型を使わず、フリーハンドでラフに形作るお菓子が好きです。"普段の日にママが作るいつものおやつ"というような、温かな雰囲気にひかれるからでしょうか。スコーンやクッキーも、抜き型で抜かないで、パパッと手で丸める成形法をとることが多い私です。広げたパイ生地の上に、砕いたビスケットを敷くのは、フレッシュなりんごから出てくる果汁を受け止めて、底のパイ生地がじっとりと湿気らないようにするため。ビスケットの代わりにスポンジ生地を敷いてもとてもおいしいので、このアップルパイのために、プレーンなロールケーキ用の生地を焼くことも。

材料
(直径13～14cmのもの2個分)

パイ生地
a ｛
- 薄力粉　100g
- グラニュー糖　小さじ1
- 塩　ひとつまみ
｝
- バター(食塩不使用)　75g
- 冷水　大さじ2

フィリング
｛
- りんご　2個
- グラニュー糖　大さじ2
- レモン汁　小さじ1
｝
- ダイジェスティブビスケット　約8枚(70g)
- バター(食塩不使用)　15g
- 打ち粉用の粉(あれば強力粉)、飾り用の粉砂糖　各適量

下準備
- パイ生地のバターは1.5cm角に切り、冷蔵室に入れておく。
- ビスケットはポリ袋に入れ、めん棒で細かく砕く。
- 天板にオーブンシートを敷く。

作り方

1 パイ生地を作る。フードプロセッサーにaを入れ、3～5秒回してふるう。バターを加えてスイッチのオンとオフをくり返し、さらっと混ざったら冷水を加えてスイッチのオンとオフをくり返し、やっとまとまるくらいで取り出す。2等分して平らにまとめ、ラップで包み、冷蔵室で1時間以上休ませる。

2 フィリングを作る。りんごは皮をむいて小さめの角切りにし、グラニュー糖とレモン汁を加えて混ぜる。

3 オーブンを180℃に温める。打ち粉をふった台に1を取り出し、めん棒でそれぞれ2～3mm厚さ×直径22cmにのばし、底面にフォークで穴をあけ、砕いたビスケット、2の順にふちを3cmほど残してのせる。周りの生地でりんごを包むように、ひだを寄せながら立ち上がらせて形を整え、バターを小さくちぎってりんごの上に散らす。

4 天板に並べ、180℃のオーブンで50分ほど焼き、冷めたら好みで粉砂糖をふる。

*パイ生地を手で作る場合は…
ボウルにaをふるい入れ、1.5cm角に切って冷やしておいたバターを加え、カードでバターを切りながら粉に混ぜ込む。冷水を加え(混ぜすぎないよう注意)、ほぼまとまったら冷蔵室へ。

蒸しケーキ

台所にやわらかく立ちのぼる湯気のある風景は、とても温かく幸せ。
どこかしら懐かしささえ感じてしまうのは、
昔、母が作ってくれた、蒸したパンの心なごむおいしさを
今でもほんやりと覚えているからでしょうか。
泡立て器1本でぐるぐる混ぜるだけの手軽さなのに、
ふんわり、ぽわんとした生地ができ上がる、かわいいおやつなお菓子。
小さく作れば、蒸し時間だってほんの12〜13分、あっというまです。
もしも私が焼菓子のお店を開いたならば、
たくさんの焼菓子の中に、いくつかの蒸しケーキ、
きっと、必ず、並べることと思います。

プレーン蒸しケーキ

バターとミルクの風味がきちんと感じられる、プレーンな蒸しケーキ。冷めてもおいしいけれど、電子レンジで少し温め直すと、蒸したてのほわほわ食感が戻ってきます。牛乳にヨーグルトをプラスした、ほんわりとした生地感が好きなので、ここではそのレシピで作りました。もっとシンプルにするなら、水分を牛乳だけ、あるいはヨーグルトだけにしても作れます。微妙に違ってくる食感や味わいを作りくらべて、好みの分量を見つけてくださいね。
蒸し器がない場合は、ふたと深さのあるフライパンや、お鍋でも代用できます。サイズの合った丸いケーキクーラーなどを入れて、蒸し器のように使ったり、キッチンペーパーを底に敷き、型を直に置いて蒸してもOK。ふたの形状がフラットに近いものなら、しずくがケーキに落ちてこないよう、クロスでふたを包んで使用すると安心です。また、小さく一度にたくさん蒸すには、大きめの蒸し器や何段かのせいろなどが必要になりますが、直径15cmの丸型やスクエア型ひとつにまとめてしまえば、省スペース。おいしさは変わりません。

🧁 **材料**（9×4.5cmのアルミのミニパウンド型8個分）＊
薄力粉　85g
ベーキングパウダー　小さじ1
グラニュー糖　50g
卵　1個
a ｛ バター（食塩不使用）　40g
プレーンヨーグルト　大さじ2
牛乳　大さじ2
塩　ひとつまみ

＊直径7cmのココット型なら6個分、蒸し時間は12～13分

🧁 **下準備**
・卵は室温に戻す。
・バターは電子レンジか湯せんにかけて溶かす。

🧁 **作り方**
1　ボウルに卵、グラニュー糖、塩を入れて泡立て器でなじむまで混ぜ（泡立てなくてOK）、aを加えてよく混ぜる。
2　薄力粉とベーキングパウダーを合わせてふるい入れ、泡立て器でなめらかに混ぜる。
3　型に流し、蒸気の上がった蒸し器に並べ、中火で10～12分蒸す（中央に竹串をさしてみて、どろっとした生地がつかなければ蒸し上がり）。型から出してアツアツを、また冷めてから生クリームを添えて食べてもおいしい。

＊温め直す場合は、アルミの型は電子レンジにかけられないので、ケーキを型から出して電子レンジで加熱するか、蒸し器を使って

アルミ製の型は、このまま蒸したり、湯せん焼きができて便利です。蒸しケーキやバターケーキのほか、蒸したり焼いたりして作るプリンにも。「アルミパウンド型（小）」外寸11.2×6.4cmは（富）→入手先はp128に

毎日毎朝食べている、小岩井乳業のプレーンヨーグルト。少しゆるめな感じのテクスチャーですが、酸味がマイルドで、とても好きな味です。

直径15cmの丸型にオーブンシートを敷き、生地を流し、蒸気の上がった蒸し器に入れて20～25分ほど。ひとつに大きく蒸し上げたケーキをざっくりと割って、アツアツのところを頬張るのも楽しいです。

55

抹茶の蒸しケーキ

和の素材を使ったお菓子を作っていると、気持ちが平らに、穏やかにやすらいでいくような自分を感じます。今、リビングキッチンにいて周りを見渡してみると、様々な台所道具も、小ぶりなダイニングテーブルも、木製のソファも、ほとんどが洋のものであふれています。その中にひとつだけ和の存在感をたたえているのが、和食器専用の食器棚。食器棚そのものは洋風の、奥行きの浅いキャビネットなのだけれど、土ものの器が並ぶその様子を眺めていると、なんだかふっと肩の力が抜けるような感覚を覚えます。

さて、はんなりとした抹茶味に蒸し上がったケーキは、織部の5寸皿にのせて。ツヤのある粉引きの汲み出しに、たっぷりのほうじ茶をいれて。1人のお茶時間、ひと息入れようと思います。

材料（9×4.5cmのアルミのミニパウンド型8個分）*
- 薄力粉　85g
- 抹茶　大さじ1/2
- ベーキングパウダー　小さじ1
- グラニュー糖　55g
- 卵　1個
- a { バター（食塩不使用）　40g
-   　牛乳　大さじ4
- 塩　ひとつまみ

*直径7cmのココット型なら6個分、蒸し時間は12〜13分

下準備
- 卵は室温に戻す。
- バターは電子レンジか湯せんにかけて溶かす。

作り方
1. ボウルに卵、グラニュー糖、塩を入れて泡立て器でなじむまで混ぜ（泡立てなくてOK）、aを加えてよく混ぜる。
2. 薄力粉、抹茶、ベーキングパウダーを合わせてふるい入れ、泡立て器でなめらかに混ぜる。
3. 型に流し、蒸気の上がった蒸し器に並べ、中火で10〜12分蒸す。

材料（直径7cmのココット型7～8個分）
- 薄力粉　85g
- ベーキングパウダー　小さじ1
- グラニュー糖　50g
- 卵　1個
- a ｛ バター（食塩不使用）　30g
      生クリーム　50ml
- 塩　ひとつまみ
- バナナ　小1本（正味60g）
- 製菓用チョコレート（セミスイート）　25g

下準備
- 卵は室温に戻す。
- チョコレートは粗く刻み、冷蔵室に入れておく。
- バナナは皮をむき、フォークで細かくつぶす。
- バターは電子レンジか湯せんにかけて溶かす。
- 型に紙カップを敷く（そのままでもOK）。

作り方
1. ボウルに卵、グラニュー糖、塩を入れて泡立て器でなじむまで混ぜ（泡立てなくてOK）、aを加えてよく混ぜる。
2. 薄力粉とベーキングパウダーを合わせてふるい入れ、泡立て器でなめらかに混ぜ、バナナと刻んだチョコも加えてさっと混ぜる。
3. 型に流し、蒸気の上がった蒸し器に並べ、中火で12～13分蒸す。

バナナとチョコの蒸しケーキ

バナナって、かなり個性の強い甘みを持っているのにもかかわらず、いろいろな素材と相性がよい、思いのほか守備範囲の広いフルーツなんですね。チョコレートやナッツはもちろんのこと、抹茶、シナモン、チーズ、ラズベリー。バナナティーというフレーバーティーを初めて知った時、「え、うそー」と思って、飲んでみたら「へー、なるほどー」と感心したものです。
突飛すぎる組み合わせに冒険しては、言葉をなくしてしまうケース、なきにしもあらずですが（苦笑）。そんな時は基本に立ち戻って、バナナだけのシンプルなものや、王道であるチョコレートやくるみを合わせたお菓子を焼いて、気を取り直すことにしています。

バナナの皮に黒いポツポツが見えだしたら、甘くやわらかく熟したサイン。蒸しケーキに加える時は、フォークでやや細かめにつぶして使います。

ココアとクリームチーズの蒸しケーキ

ココアの風味がしっかりと感じられる、大好きなココア生地の蒸しケーキ。ちょっぴり甘くしたクリームチーズを真ん中に入れて蒸し上げました。蒸しているうちに生地がふっくらと持ち上がるのと一緒に、クリームチーズが流れ出してしまわないよう、クリームチーズは表面に出てこないように生地でサンドするのがポイント。
蒸し上がってすぐの温かい状態を食べる時には、ココット型に紙カップを敷かず、直接生地を流し入れて作って。ほわんとやわらかなココア生地の中で、とろりととろけたクリームチーズ、そのままスプーンですくって食べられます。

材料（直径7cmのココット型7〜8個分）
- 薄力粉　70g
- ココアパウダー　15g
- ベーキングパウダー　小さじ1
- グラニュー糖　55g
- 卵　1個
- a ｛ バター（食塩不使用）　40g
       牛乳　70ml
- 塩　ひとつまみ
- ｛ クリームチーズ　70g
     グラニュー糖　大さじ1強

下準備
・卵とクリームチーズは室温に戻す。
・バターは電子レンジか湯せんにかけて溶かす。
・型に紙カップを敷く（そのままでもOK）。

作り方
1. ボウルにやわらかくしたクリームチーズ、グラニュー糖を入れ、泡立て器ですり混ぜる。
2. 別のボウルに卵、グラニュー糖、塩を入れて泡立て器でなじむまで混ぜ（泡立てなくてOK）、aを加えてよく混ぜる。
3. 薄力粉、ココアパウダー、ベーキングパウダーを合わせてふるい入れ、泡立て器でなめらかに混ぜる。
4. 型の1/3まで流し、1をティースプーンで1杯強ずつのせ、残りの生地をかぶせるように流す。蒸気の上がった蒸し器に並べ、中火で12〜13分蒸す。

クリームチーズは、レシピのように生地の中にはさんでもいいし、生地の上にのせた後、底のほうまで押し込むように沈めてもOKです。

材料（直径7cmのココット型約7個分）

- 薄力粉　85g
- ベーキングパウダー　小さじ1
- グラニュー糖　55g
- 卵　1個
- a ┃ 紅茶の葉　4g（ティーバッグなら2袋）
  ┃ 生クリーム　80mℓ
  ┃ 牛乳　大さじ2
  ┃ 塩　ひとつまみ

下準備

- 卵は室温に戻す。
- 紅茶は細かく刻む（ティーバッグならそのままで）。
- 型に紙カップを敷く（そのままでもOK）。

作り方

1. 耐熱ボウルにaを入れ、電子レンジなどで沸騰直前まで温め、冷めるまで蒸らしておく。
2. 別のボウルに卵、グラニュー糖、塩を入れて泡立て器でなじむまで混ぜ（泡立てなくてOK）、1の紅茶液を加えてよく混ぜる。
3. 薄力粉とベーキングパウダーを合わせてふるい入れ、泡立て器でなめらかに混ぜる。
4. 型に流し、蒸気の上がった蒸し器に並べ、中火で12〜13分蒸す。

ミルクティーの蒸しケーキ

コーヒーの魅力に目覚めてしまった今でも、紅茶と紅茶風味のお菓子を愛してやまない気持ちは、まだまだ健在です。バターケーキをはじめ、クッキー、シフォンケーキ、ロールケーキ、チーズケーキなど、好きな香りの葉を細かくしては同じようなレシピで何度も焼いていますが、飽きることはまったくありません。

むしろくり返すうちに、バターケーキなら、次は茶葉をオリジナルのブレンドで混ぜ込んでみようとか、紅茶色でマーブル模様を作ってみようとか、こしあんと合わせる際のベストなバランスを見つけてみたいとか、その興味はますます深まるばかり。お菓子を焼くこと、焼き続けること、やっぱり奥が深いです。

スリランカの紅茶を扱う、大好きな「ムレスナティーハウス」のキャラメルティーをお菓子にも。内ぶたのあるステンレスの容器に詰め替えて保存しています。

おたのしみのお菓子⑥

【チーズパイ】

16cm角のタルト型については、かつてのレシピ本でも語ってきましたが、あれからも変わらずヘビーユースしています。今回は、穏やかでマイルドなチーズ生地を流した、チーズパイを焼きました。この型があるから、この型に似合うお菓子を焼いてみたいと思うように、煮込みを究めたいから、あのお鍋を買ってみようとか、あと1キロ落としたいから、あのお洋服を買っちゃおうとか。モチベーションを維持・向上させるためにも、形から入るって、結構成功率が高いと思う私。今は、晩ごはんの献立に汁もののレパートリーを充実させたくて、塗りのお椀、いくつか新調しようと密かに計画中です。

材料（16×16cmの底がとれるタルト型1台分）

パイ生地
a ｛
- 薄力粉　100g
- グラニュー糖　小さじ1
- 塩　ひとつまみ
｝
｛
- バター（食塩不使用）　75g
- 冷水　大さじ2
｝

チーズ生地
｛
- クリームチーズ　160g
- バター（食塩不使用）　30g
- グラニュー糖　50g
- 卵黄、卵白　各1個分
- 牛乳　50ml
- コーンスターチ　大さじ2
- レモン汁　小さじ1/2
- 塩　ひとつまみ
｝

打ち粉用の粉（強力粉）　適量

下準備

・パイ生地のバターは1.5cm角に切り、冷蔵室に入れておく。
・チーズ生地のクリームチーズとバターは室温に戻す。
・型にバター（分量外）を薄く塗る。

作り方

1 パイ生地はp52の作り方1を参照して作る。打ち粉をふった台に出し、めん棒で2～3mm厚さに四角くのばし、型に敷き込んで底面全体にフォークで穴をあけ、ラップをかけて冷蔵室で30分以上休ませる。

2 オーブンを190℃に温める。生地にオーブンシートをのせて重し（パイ石や古い豆）をのせ、190℃のオーブンで20分ほど焼き、重しをはずして型ごと冷ます。

3 オーブンを160℃に温める。チーズ生地を作る。ボウルにクリームチーズとバターを入れ、泡立て器で練り、卵黄→牛乳→コーンスターチ（ふるい入れて）→レモン汁の順に加えてそのつどすり混ぜ、こし器でこす。

4 別のボウルに卵白を入れ、塩とグラニュー糖を少しずつ加えながらハンドミキサーで泡立てて、とろりとややゆるめのメレンゲを作る（六～七分立て）。これを3にひとすくい加え、ぐるぐるっとなじませ、残りのメレンゲを加え、ゴムベラで底からすくうようにして混ぜる。

5 2に4を流し、160℃のオーブンで25分ほど焼く。冷めたら型から出し、冷蔵室でしっかりと冷やす。

＊パイ生地を手で作る場合は…p52へ

タルト

「1週間、お疲れさまでした。明日からも、また頑張ってね」
週末にはそんな気持ちを込めて、
いくつものタルトを焼きたいと思います。
タルトを作るには、幾段かのちょっとした手間と、時間が必要。
だからこそ、かかる手間と時間の隙間に愛情をはさみ込み、
おいしく食べてもらえますように、と願いながら。
今週のおすすめは、砂糖漬けにしたいちごを焼き込んだもの、
から焼きした台に、やわらかなチョコレートを流した冷たいタイプ。
クランブルを土台に使ったクイックタルトなら、
さわやかオレンジとまろやかカスタード、2種類のフレーバーです。

いちごのタルト

とてもかわいらしくて、しっかり者で、妹みたいな年下の女性がいます。プライベートな縁で知り合い、いろんな面でお世話になりながら過ごすうち、今ではすっかり仲よくなって、うちにごはんを食べに来てくれたり、一緒にお菓子を作ったりするようになりました。彼女はいつも元気にテキパキと動いていて、辛そうにへこんでいる姿は、見たことがないような気がします。私は弱い人間で、自分の置かれている状況が大変だったり、しんどかったりすると、「大変なのー」「しんどいのー」とつい弱音を吐いてしまい、やさしくしてもらいたがるようなフシがあるため（苦笑）、もっとちゃんと大人らしくせねばと、彼女と会うたび自分をふり返ります。

数年前、妻となり、京都を離れ、愛する人と二人で全く新しい暮らしを始めた彼女。たとえ困難な場面に出会ったとしても、持ち前の明るさとファイティングスピリットで、乗り越えていくことと信じています。タルトが大好きで、私のお菓子においしい笑顔を見せてくれるＣちゃん。本当におめでとう。これからも元気で、ずっとずっと、お幸せにね。

材料（直径18cmのタルト型1台分）

タルト生地
- 薄力粉　100g
- バター（食塩不使用）　45g
- 粉砂糖　20g
- 卵　1/4個分
- 塩　ひとつまみ

アーモンドクリーム
- アーモンドパウダー　65g
- バター（食塩不使用）　50g
- グラニュー糖　50g
- 卵　1個
- コーンスターチ　大さじ1強

いちごの砂糖漬け
- いちご　約1/2パック（150g）
- グラニュー糖　大さじ3

打ち粉用の粉（あれば強力粉）、仕上げ用の粉砂糖　各適量

いちごの砂糖漬けは、お砂糖の力で水分が引き出され、フレッシュ感を残しながら、いちごの風味が凝縮されます。煮詰めて作るジャムとは、また違ったおいしさが。

下準備
- いちごは縦4等分に切ってグラニュー糖をまぶし、冷蔵室にひと晩入れておく。
- タルト生地のバターは1.5cm角に切り、冷蔵室に入れておく。
- アーモンドクリームのバターと卵は室温に戻す。

作り方

1. タルト生地を作る。フードプロセッサーに薄力粉、粉砂糖、塩を入れ、3〜5秒回してふるう。バターを加えてスイッチのオンとオフをくり返し、さらっと混ざったら卵を加えてスイッチのオンとオフをくり返し、ひとかたまりになったら取り出す。平らにまとめてラップで包み、冷蔵室で1時間以上休ませる。

2. 打ち粉をふった台に取り出し、めん棒で2〜3mm厚さに丸くのばし、型にきっちりと敷き込んで底面全体にフォークで穴をあけ、ラップをかけて冷蔵室で30分以上休ませる。

3. オーブンを180℃に温める。アーモンドクリームを作る。ボウルにやわらかくしたバター、グラニュー糖を入れて泡立て器ですり混ぜ、アーモンドパウダー→溶いた卵（少しずつ）→コーンスターチ（ふるい入れて）の順に加えて混ぜる（フードプロセッサーで混ぜてもOK）。砂糖漬けにしたいちごの汁けをきって加え、ゴムベラで全体に混ぜる。

4. 2の生地に3のクリームを流して平らにならし、粉砂糖を茶こしでふり、180℃のオーブンで45分ほど焼く。粗熱がとれたら型から出し、冷めたら好みで粉砂糖をふる。

サクサク、しっとりなタルトには、泡立てた生クリームとハーブのグリーンを添えて。早春の午後、いちごを使ったこんなお菓子で楽しむお茶時間ならば、コーヒーよりも紅茶が気分です。

＊タルト生地を手で作る場合は…
ボウルに室温に戻したバター、粉砂糖、塩を入れ、泡立て器かハンドミキサーで白っぽくふんわりするまですり混ぜる。卵を少しずつ加えて混ぜ、薄力粉をふるい入れてゴムベラで混ぜ、生地をまとめて冷蔵室へ。これ以降は、左の2からと同じ。

レアチョコレートのタルト

とろりとなめらかな、生チョコレートフィリングのタルト。濃厚な味わいだから、薄く切って少しずつ食べるのが好き。タルトレット（ミニサイズのタルト）型で作っても、チャーミングです。

チョコレートって、バレンタインを連想させるからなのでしょうか。チョコレートのお菓子を作る時、カシャカシャと手を動かしながら、大切に思う人のことを頭に浮かべている自分がいます。そこで、余談をひとつ。うちの冷蔵庫には、小さな牛乳パックになりすましたシロクマくんが住んでいて（Fridgeezoo＝「フリッジィズー」というキュートなおもちゃです）、扉を開けるとなにやら親しげに話しかけてくるのですが、ごくまれに「アイシテルヨー」というメッセージをくれます。密かにちょっと、うれしかったりします（笑）。

さわやかでありながら、リッチな香りの感じられるオレンジのリキュール、グランマニエ。ラム酒やブランデーで作ってもおいしい。（ク）→入手先は p128 に

材料（直径18cmのタルト型1台分）

タルト生地
- 薄力粉　100g
- バター（食塩不使用）　45g
- 粉砂糖　20g
- 卵　1/4個分
- 塩　ひとつまみ

チョコレートクリーム
- 製菓用チョコレート（セミスイート）　150g
- バター（食塩不使用）　25g
- 生クリーム　150ml
- オレンジリキュール（グランマニエ）　大さじ1/2

打ち粉用の粉（あれば強力粉）、飾り用の粉砂糖　各適量

下準備

- タルト生地のバターは1.5cm角に切り、冷蔵室に入れておく。
- チョコレートクリームのバターは室温に戻す。
- チョコレートは細かく刻む。

作り方

1. タルト生地を作る。フードプロセッサーに薄力粉、粉砂糖、塩を入れ、3〜5秒回してふるう。バターを加えてスイッチのオンとオフをくり返し、さらっと混ざったら卵を加えてスイッチのオンとオフをくり返し、ひとかたまりになったら取り出す。平らにまとめてラップで包み、冷蔵室で1時間以上休ませる。＊手で作る場合は…p63へ

2. 打ち粉をふった台に取り出し、めん棒で2〜3mm厚さに丸くのばし、型にきっちりと敷き込んで底面全体にフォークで穴をあけ、ラップをかけて冷蔵室で30分以上休ませる。

3. オーブンを180℃に温める。生地にオーブンシートをのせて重し（パイ石や古い豆）をのせ、180℃のオーブンでこんがりと焼き色がつくまで25分ほど焼く。重しをはずし、型ごと冷ます。

4. チョコレートクリームを作る。ボウルに刻んだチョコとバターを入れ、沸騰直前まで温めた生クリームを一度に加えてゴムベラでなめらかに混ぜ、リキュールを加える。

5. 4のボウルの底を氷水にあてて静かに混ぜ、軽くとろみがついたら3のタルト台に流し、やさしくゆすって平らにならし、冷蔵室で冷やし固める（できれば半日以上）。仕上げに好みで粉砂糖をふる。

材料（直径15cmの底がとれる丸型1台分）

クランブル生地
- 薄力粉　35g
- アーモンドパウダー　10g
- バター（食塩不使用）　20g
- グラニュー糖　15g
- 塩　ひとつまみ

アーモンドクリーム
- アーモンドパウダー　65g
- バター（食塩不使用）　50g
- グラニュー糖　40g
- 卵　1個
- 薄力粉　大さじ1
- オレンジリキュール（グランマニエ）　大さじ1/2
- オレンジスライス　4～5枚
- 飾り用のオレンジスライス　10枚
- 飾り用の粉砂糖　適量

オレンジのタルト

オレンジスライスをちりばめた、アーモンドクリームのボリュームがしっかりと感じられる、オレンジの風味に満ちたお菓子です。切り分けやすくするため、トッピングのオレンジは真ん中部分をあけて並べました。

カラーセラピーや色彩心理って、わりと信頼しています。色の力で、自分の気持ちや周りへの印象をコントロール。たとえば、毎朝選ぶ服の色。やわらかな幸せ感にひたりたい日にはピンク、素直な自分でいたい日は白、やる気を高めたい時には赤、清楚な母を演出するなら紺×白（笑）。オレンジはビタミンカラー、元気をくれる色です。オレンジ色を飾ったタルトで、ハッピーな気分を。

下準備
- クランブル生地のバターは1.5cm角に切り、冷蔵室に入れておく。
- アーモンドクリームのバターと卵は室温に戻す。
- オレンジスライスはキッチンペーパーにのせて汁けをきり、クリーム用は放射状に8～10等分に切る。

作り方

1. クランブルを作る。フードプロセッサーにバター以外の材料をすべて入れ、3～5秒回してふるう。バターを加えてスイッチのオンとオフをくり返し、ポロポロとしたそぼろ状になったら取り出す。

2. 型の底に敷き詰め、スプーンの背でぎゅっと押しつけて平らにならし、底面全体にフォークで穴をあけ、ラップをかけて冷蔵室に入れておく。オーブンを180℃に温める。

3. アーモンドクリームを作る。ボウルにやわらかくしたバター、グラニュー糖を入れて泡立て器ですり混ぜ、アーモンドパウダー→溶いた卵（少しずつ）→薄力粉（ふるい入れて）→リキュールの順に加えて混ぜる。切ったオレンジスライスも加え、ゴムベラで全体に混ぜる。

4. **2**の生地に**3**のクリームを流して平らにならし、オレンジスライスを並べ、180℃のオーブンで40分ほど焼く。熱いうちに型とケーキの間にナイフをぐるりと入れ、粗熱がとれたら型から出す。冷めたら好みで粉砂糖をふる。

きれいなスライス状が保たれた、手軽なオレンジスライスのシロップ煮缶。やわらかな皮はトッピングだけでなく、生地に焼き込むと、とてもおいしいです。（ク）→入手先はp128に

フードプロセッサーで作ると、あっというまのクランブル。混ざりすぎてまとまってしまわないよう、ポロポロのそぼろが見えたら、スイッチをオフにして。

＊クランブルを手で作る場合は…
ボウルにバター以外の材料を入れ、泡立て器でぐるぐるっと混ぜる。1.5cm角に切って冷やしておいたバターを加え、指先で粉とすり合わせるようにして、ポロポロとしたそぼろ状にする。

カスタード入りアーモンドクリームのクランブルタルト

粉、バター、卵、お砂糖、アーモンドパウダー。お菓子の基本的な材料の率直なおいしさを存分に味わいたい、シンプルなタルト。エスプレッソをキュッと1杯、なんてシーンにもぴったりだし、ジャスミンティーなどの中国茶にも、しっくりとくるお菓子です。

カップ＆ソーサーって、集めだすとキリがなく、この頃は自重しているのですが、飲みものや気分によってカップを選ぶって、ささやかだけれどぜいたくで幸せな行為だと思うんです。この人と一緒に飲むコーヒーは、いつもこのカップで、とか、そういうのもまた、いいですよね。このタルトに合わせたいのは、何年か前のお誕生日にいただいたデミカップ。シノワズリーな雰囲気がなんともすてきで、とても大切にしている2客です。

材料（直径15cmの底がとれる丸型1台分）

クランブル生地
- 薄力粉　70g
- アーモンドパウダー　20g
- バター（食塩不使用）　40g
- きび砂糖　30g
- 塩　ひとつまみ

カスタードクリーム
- 卵黄　1個分
- 牛乳　50ml
- 生クリーム　大さじ2
- グラニュー糖　大さじ1
- コーンスターチ　大さじ1/2
- バニラオイル　少々

アーモンドクリーム
- アーモンドパウダー　65g
- バター（食塩不使用）　50g
- グラニュー糖　35g
- 卵白　1個分
- コーンスターチ　大さじ1強
- ラム酒　大さじ1/2

下準備

- クランブル生地のバターは1.5cm角に切り、冷蔵室に入れておく。
- アーモンドクリームのバターと卵白は室温に戻す。

作り方

1. クランブルはp65を参照して作り、半量をp65と同様にして型に敷き詰め、残りのクランブル（ポリ袋に入れて）とともに冷蔵室に入れておく。

2. カスタードクリームを作る。耐熱ボウルに牛乳、生クリーム、グラニュー糖、コーンスターチを入れて泡立て器で混ぜ、ラップをかけずに電子レンジ（600W）で1分30秒〜2分加熱し、フツフツしたら取り出して手早く混ぜる。卵黄を加えて混ぜ、再び電子レンジで30秒〜1分加熱し、フツフツしたら取り出してバニラオイルを混ぜる。

3. オーブンを180℃に温める。アーモンドクリームはp65を参照して作り、2のカスタードクリームも加え、ゴムベラでざっくりと混ぜる。

4. 1の生地に3を流して平らにならし、冷やしておいたクランブルを散らし、手でそっと押して平らにして、180℃のオーブンで40分ほど焼く。

焼き菓子ボックス

あの人になら、言わなくても伝わるはず。わかってくれるはず。
だけど、目と目を合わせて言葉で伝えるって、やっぱり大切なこと。
恥ずかしがらずに、出し惜しみせずに、
心の中にある気持ちは、まっすぐ、残さずに伝えたい。
この頃は、そんなふうに思うようになりました。

はじめまして。お世話になります。いつもありがとう。
これからもよろしくね。あなたが大好き。
いろんな想いが届きますようにと、願いを込めたお菓子たち。
小さな箱に詰め合わせて、6つのセットを作ってみました。

言葉の花束に添える甘いひと箱が、
人と人との間を、やさしく、深く、
そしておいしく結んでくれますように。

1. バターケーキセット

彩りもとりどりに美しいフルーツミックスと、
コクのあるはちみつで作ったキャラメルソース。
2つの素材をそれぞれのケーキにたっぷり使って、しっとりと焼き上げました。
リング状に絞り出したクッキーは、サクサク軽やかな食感。
プレーンでシンプルな味わいだから、どんなお茶ともよく合います。

はちみつのキャラメルケーキ／フルーツケーキ／絞り出しクッキー

②. ふんわりマドレーヌセット

どこか懐かしさを感じられるような、ふんわりタイプのマドレーヌは、
卵黄を多めに、生クリームも配合した、ほんのりミルキーなレシピ。
丸くて浅い小ぶりな紙のベーキングカップで、いつも焼いています。
ない場合はマフィン型を使って、生地を控えめに入れて焼いてみて。
私の定番・コロコロクッキーは、メープル風味で作りました。

プレーンマドレーヌ／けしの実のマドレーヌ／メープルのコロコロクッキー

バターケーキセット

はちみつのキャラメルケーキ

材料（8×3cmの紙のミニパウンド型6個分）*
薄力粉　100g
ベーキングパウダー　小さじ1/4
バター（食塩不使用）　100g
きび砂糖　75g
卵黄、卵白　各2個分
塩　ひとつまみ
キャラメルクリーム
｛ はちみつ　40g
　 生クリーム　70ml
仕上げ用のラム酒　適量
*18×8×8cmのパウンド型なら1台分、焼き時間は160℃で約45分

下準備
・バターは室温に戻す。
・薄力粉とベーキングパウダーは合わせてふるう。

作り方
1 キャラメルクリームを作る。小鍋にはちみつを入れて中火にかけ、ヘラで混ぜながら茶色く焦がし、火を止める。電子レンジなどで熱くした生クリームを少しずつ混ぜ（沸き上がるので注意）、冷ます。オーブンを160℃に温める。
2 ボウルにやわらかくしたバター、きび砂糖の半量を入れ、泡立て器かハンドミキサーでふんわりするまですり混ぜる。卵黄（1個分ずつ）→**1**の順に加え、そのつどよく混ぜる。
3 別のボウルに卵白を入れ、塩と残りのきび砂糖を少しずつ加えながらハンドミキサーで泡立て、ツヤのあるしっかりとしたメレンゲを作る。これを**2**にひとすくい加え、ぐるぐるっとなじませる。粉類の半量→メレンゲの半量→残りの粉類→残りのメレンゲの順に加え、ゴムベラで底からすくうように混ぜる。
4 型に流し、160℃のオーブンで30分ほど焼く。好みで熱いうちに表面にラム酒をハケで塗る。

フルーツケーキ

（8×3cmの紙のミニパウンド型7個分）
→ 材料と作り方はp51へ。ただし、型の下準備はしなくてOK。焼き時間は160℃で30分ほど。

はちみつは、濃いこげ茶色になるまでしっかりと焦がすのがポイント。ケーキ生地に混ぜた時、キャラメルの味がぼやけません。

絞り出しクッキー

材料（直径3.5cmのもの約40個分）
薄力粉　100g
アーモンドパウダー　25g
バター（食塩不使用）　90g
粉砂糖　35g
卵　1/4個分
塩　ひとつまみ

下準備
・バターは室温に戻す。
・薄力粉とアーモンドパウダーは合わせてふるう。
・天板にオーブンシートを敷く。
・オーブンを170℃に温める。

作り方
1 ボウルにやわらかくしたバター、粉砂糖、塩を入れ、泡立て器かハンドミキサーでふんわりするまですり混ぜる。卵も加えて混ぜ、粉類をふり入れてゴムベラでさっくりと混ぜる。
2 星口金をつけた絞り出し袋に入れ、天板に間隔をあけて直径3cmのリング状に絞り出し、170℃のオーブンで15分ほど焼く。

2. ふんわりマドレーヌセット

プレーンマドレーヌ

材料（直径6cmの紙のベーキングカップ9個分）

a ｛ 薄力粉　65g
　　アーモンドパウダー　20g
　　ベーキングパウダー　小さじ1/8
　　塩　ひとつまみ

b ｛ バター（食塩不使用）　50g
　　生クリーム　大さじ2
　　はちみつ　小さじ1

グラニュー糖　65g
卵　1個
卵黄　1個分

下準備
・卵と卵黄は室温に戻す。
・aは合わせてふるう。

作り方
1. 耐熱容器にbを入れ、電子レンジか湯せんにかけて溶かし、湯にあてて温めておく。オーブンを160℃に温める。
2. ボウルに卵、卵黄、グラニュー糖を入れ、ハンドミキサーの高速で白っぽくもったりするまで泡立てる（すくうとゆっくりと落ち、リボン状に積もるくらい）。ハンドミキサーを低速に落とし、キメを整える。
3. a（ふるい入れて）、1（2～3回に分けて）の順に加え、そのつどゴムベラで底からすくうように手早く混ぜる。
4. 型に流し、160℃のオーブンで18分ほど焼く。

けしの実のマドレーヌ

材料（直径6cmの紙のベーキングカップ9個分）

a ｛ 薄力粉　60g
　　アーモンドパウダー　20g
　　ベーキングパウダー　小さじ1/8
　　塩　ひとつまみ

b ｛ バター（食塩不使用）　50g
　　生クリーム　大さじ2
　　はちみつ　小さじ1

グラニュー糖　65g
卵　1個
卵黄　1個分
ブルーポピーシード（p80参照）　25g

下準備と作り方
上と同じ。作り方3でa、ポピーシード、1のバター液の順に加えて混ぜる。

メープルのコロコロクッキー

材料（直径2.5cmのもの約30個分）

a ｛ 薄力粉　80g
　　アーモンドパウダー　40g
　　メープルシュガー　20g
　　塩　ひとつまみ

バター（食塩不使用）　45g
仕上げ用の粉砂糖　適量

下準備
・バターは1.5cm角に切り、冷蔵室に入れておく。
・天板にオーブンシートを敷く。

作り方
1. フードプロセッサーにaを入れ、3～5秒回してふるう。バターを加えてスイッチのオンとオフをくり返し、ひとかたまりになったら取り出す。平らにまとめてラップで包み、冷蔵室で1時間以上休ませる。
2. オーブンを170℃に温める。生地を直径2.5cmに丸め、天板に間隔をあけて並べ、170℃のオーブンで15分ほど焼く。完全に冷めたら、ポリ袋に入れた粉砂糖の中で転がしてまぶす。

＊手で作る場合は… p80へ

71

③ 紅茶セット

紅茶のお菓子は、使う茶葉をかえるだけで、味わいや香りの違いが楽しめるのも魅力です。
今日のバターケーキには、色、風味ともに力強いアッサムをチョイス。
ココアのスコーンには、ベルガモットがさわやかに香るアールグレイを。
どんな銘柄の紅茶とも合わせられるよう、
茶葉を使わないレーズンのスコーンも作りました。
ポットにたっぷりの紅茶を用意して、
ゆっくりと味わってくださいね。

紅茶マーブルのバターケーキ／ココアと紅茶のスコーン／レーズンスコーン

4. コーヒーセット

短い休憩時間、ちょっとひと休み、ほっとひと息。
コーヒーブレイクという響きが、とても好きです。
日常仕事のメリハリづけ、頭の中や気持ちのスイッチを切り換えるための小さな時間。
パパッといれたインスタントコーヒーにも、
添えるお菓子が何かあると、とてもうれしいもの。
好きなお菓子を気分で選んで、充実のリフレッシュタイムを。

コーヒーのショートブレッド／ブラウニー／くるみのコーヒーケーキ

3. 紅茶セット

紅茶マーブルのバターケーキ

材料（18×8×8cmのパウンド型1台分）
- a
  - 薄力粉　85g
  - ベーキングパウダー　小さじ1/3
  - 塩　ひとつまみ
- バター（食塩不使用）　100g
- グラニュー糖　90g
- アーモンドパウダー　30g
- 卵　2個
- b
  - 牛乳　大さじ1
  - 好みのリキュール（グランマニエ）　大さじ1/2
- c
  - 紅茶の葉　4g（ティーバッグなら2袋）
  - 生クリーム　50ml

下準備
・バターと卵は室温に戻す。
・紅茶は細かく刻む（ティーバッグならそのままで）。
・aは合わせてふるう。
・型にオーブンシートを敷く。

作り方
1. 耐熱容器にcを入れ、電子レンジなどで沸騰直前まで温める。オーブンを160℃に温める。
2. ボウルにやわらかくしたバター、グラニュー糖を入れ、泡立て器かハンドミキサーでふんわりするまですり混ぜる。溶いた卵の半量（少しずつ）→アーモンドパウダー→残りの卵（少しずつ）の順に加え、そのつどよく混ぜる。
3. aをふり入れ、ゴムベラで底からすくうように混ぜ、bも加え、ツヤが出るまで混ぜる。1/3量を取り分けて1を混ぜ、元のボウルに戻し、ゴムベラで1～2回混ぜてマーブル模様を作る。
4. 型に流し、160℃のオーブンで45分ほど焼く。

ココアと紅茶のスコーン

材料（直径5cmのもの12個分）
- a
  - 薄力粉　125g
  - ココアパウダー　25g
  - ベーキングパウダー　小さじ1
  - 塩　小さじ1/4
- グラニュー糖　35g
- 紅茶の葉　4g（ティーバッグなら2袋）
- b
  - 生クリーム　150ml
  - はちみつ　大さじ1/2

下準備
・紅茶は細かく刻む（ティーバッグならそのままで）。
・天板にオーブンシートを敷く。
・オーブンを170℃に温める。

作り方
1. ボウルにa（合わせてふるい入れて）、グラニュー糖、紅茶の葉を入れ、泡立て器でぐるぐるっと混ぜる。合わせたbを加え、ゴムベラでさっくりと混ぜ、なじんできたらゴムベラを押しつけてまとめ、手で軽くこねて手早くまとめる。
2. 生地を12等分して丸め、天板に間隔をあけて並べ、170℃のオーブンで18分ほど焼く。

レーズンスコーン

材料（直径5cmのもの12個分）
- a
  - 薄力粉　150g
  - ベーキングパウダー　小さじ1
  - 塩　小さじ1/4
- グラニュー糖　30g
- b
  - 生クリーム　150ml
  - はちみつ　大さじ1/2
- レーズン　60g

下準備
・天板にオーブンシートを敷く。
・オーブンを170℃に温める。

作り方
上と同じ。bを加えて粉っぽさが残るくらいでレーズンを加え、ゴムベラを押しつけながらまとめる。

4. コーヒーセット

コーヒーのショートブレッド

材料（直径12cmのタルト型3台分）
薄力粉　150g
バター（食塩不使用）　90g
粉砂糖　35g
インスタントコーヒー（粉末のもの）　大さじ1
塩　ひとつまみ

下準備
・バターは1.5cm角に切り、冷蔵室に入れておく。
・型にバター（分量外）を薄く塗る。

作り方
1 フードプロセッサーにバター以外の材料を入れ、3〜5秒回してふるう。バターを加えてスイッチのオンとオフをくり返し、ひとかたまりになったら取り出す。
2 3等分して型にきっちりと敷き詰め、指で押して平らにならし、底面全体に竹串で穴をあけ、ラップをかけて冷蔵室で30分以上休ませる。
3 オーブンを170℃に温める。170℃のオーブンで25分ほど焼く。

＊手で作る場合は…p80へ

ブラウニー

（4.5×4cmのミニハート型24個分）
→ 材料と作り方はp11へ。焼き時間は160℃で15〜18分。

くるみのコーヒーケーキ

材料（直径16cmのリング型1台分）
a ｛ 薄力粉　50g
　　アーモンドパウダー　30g
　　ベーキングパウダー　小さじ1/4
バター（食塩不使用）　60g
グラニュー糖　60g
卵白　2個分
塩　ひとつまみ
｛ インスタントコーヒー（粉末のもの）　大さじ1 1/2
　コーヒーリキュール　大さじ1
くるみ　60g

下準備
・くるみはごく細かく刻む。
・コーヒーはリキュールで溶いておく。
・aは合わせてふるう。
・型にバターを塗って粉をはたく（ともに分量外）。

作り方
1 耐熱容器にバターを入れ、電子レンジか湯せんにかけて溶かし、湯にあてて温めておく。オーブンを160℃に温める。
2 ボウルに卵白を入れ、塩とグラニュー糖を少しずつ加えながらハンドミキサーで泡立てて、ツヤのあるしっかりとしたメレンゲを作る。
3 a、くるみの順に加えてゴムベラで混ぜ、粉っぽさが残るくらいで1を2回に分けて加え、ゴムベラで底からすくうように手早く混ぜる。コーヒー＋リキュールも加えて混ぜる。
4 型に流し、160℃のオーブンで30分ほど焼く。

5. ミニタルトセット

毎日を笑顔で頑張っている女友達に贈りたいのは、こんなひと箱。
タルトは、手のひらにのるほどのミニサイズだけれど、
さっくりとした台に、しっとりとしたクリームのタルトなおいしさ、十分に味わえます。
マフィン型で焼いたベイクドチーズケーキには、
個性的なシナモンの香りをマーブル状にちりばめました。
美容と健康効果にも期待したい、3つのフレーバーのお菓子です。

プルーンのミニタルト／ナッツのミニタルト／シナモンマーブルチーズケーキ

6. コロコロフィナンシェセット

年末や年始のご挨拶に添えるひと箱なら、和の素材を使ったお菓子で、はんなりと和風なイメージにまとめてみてもいいですね。
バターは焦がして加えるのが、ポピュラーなフィナンシェですが、ここではあえて焦がさず、やわらかでおとなしいバター風味に作って、直径4.5cmのマフィン型で、コロンと小さく焼いてみました。
ゆず茶を焼き込んだミニシフォンは、お煎茶と一緒に食べてもおいしい。

黒ごまのコロコロフィナンシェ／紫いものコロコロフィナンシェ／ゆず茶のミニシフォンケーキ

5. ミニタルトセット

プルーンのミニタルト

材料（直径6cmの紙のベーキングカップ10個分）

クランブル生地
- 薄力粉　60g
- アーモンドパウダー　25g
- バター（食塩不使用）　40g
- グラニュー糖　25g
- 塩　ひとつまみ

アーモンドクリーム
- アーモンドパウダー　65g
- バター（食塩不使用）　50g
- グラニュー糖　40g
- 卵　1個
- 薄力粉　大さじ1強
- ラム酒　大さじ1
- ドライプルーン　90g

下準備
- クランブル生地のバターは1.5cm角に切り、冷蔵室に入れておく。
- アーモンドクリームのバターと卵は室温に戻す。

作り方
1. クランブルを作る。フードプロセッサーにバター以外の材料を入れ、3～5秒回してふるう。バターを加えてスイッチのオンとオフをくり返し、そぼろ状になったら取り出す。
2. 型の底に敷き詰め、指先などで平らにしてフォークで穴をあけ、ラップをかけて冷蔵室に入れておく。オーブンを180℃に温める。
3. アーモンドクリームを作る。ボウルにやわらかくしたバター、グラニュー糖を入れて泡立て器ですり混ぜ、アーモンドパウダー→溶いた卵（少しずつ）→薄力粉（ふるい入れて）→ラム酒の順に加えて混ぜる。小さく切ったプルーンも加え、ゴムベラで混ぜる。
4. 2に3を流し、180℃のオーブンで25分ほど焼く。

＊クランブルを手で作る場合は… p80へ

ナッツのミニタルト

材料（直径6cmの紙のベーキングカップ10個分）

クランブル生地
- 薄力粉　60g
- アーモンドパウダー　25g
- バター（食塩不使用）　40g
- グラニュー糖　25g
- 塩　ひとつまみ

アーモンドクリーム
- アーモンドパウダー　65g
- バター（食塩不使用）　50g
- グラニュー糖　40g
- 卵　1個
- 薄力粉　大さじ1強
- オレンジリキュール（グランマニエ）　大さじ1
- 好みのナッツ　90g

下準備
- ナッツは160℃のオーブンで6～8分から焼きし、冷めたら粗く砕く。
- クランブル生地のバターは1.5cm角に切り、冷蔵室に入れておく。
- アーモンドクリームのバターと卵は室温に戻す。

作り方
上と同じ。ラム酒の代わりにグランマニエ、プルーンの代わりにナッツ（ここではマカダミアナッツ）を加える。

シナモンマーブルチーズケーキ

材料（直径7cmのマフィン型6個分）
- クリームチーズ　150g
- サワークリーム　80g
- 生クリーム　80ml
- グラニュー糖　55g
- 卵　1個
- 薄力粉　大さじ2
- シナモンパウダー　小さじ1
- 塩　ひとつまみ

下準備
- クリームチーズ、サワークリーム、卵は室温に戻す。
- 型に紙カップを敷く。
- オーブンを160℃に温める。

作り方
1. ボウルにやわらかくしたクリームチーズとサワークリーム、グラニュー糖、塩を入れて泡立て器ですり混ぜ、生クリーム→卵→薄力粉（ふるい入れて）の順に加え、そのつど混ぜる。
2. 1/3量を取り分けてシナモンを混ぜ、元のボウルに戻し、ゴムベラで大きく1～2回混ぜてマーブル模様を作る。
3. 型に流し、160℃のオーブンで30分ほど焼く。粗熱がとれたら型から出し、冷蔵室でしっかりと冷やす。

コロコロフィナンシェセット

黒ごまのコロコロフィナンシェ

材料（直径4.5cmのマフィン型24個分）
a ｛ 薄力粉　40g
　　アーモンドパウダー　50g
　　ベーキングパウダー　小さじ1/4
黒すりごま　30g
バター（食塩不使用）　100g
グラニュー糖　80g
卵白　3個分
はちみつ　大さじ1
塩　ひとつまみ

下準備
・aは合わせてふるう。　・型に紙カップを敷く。

作り方
1　耐熱容器にバターを入れ、電子レンジか湯せんにかけて溶かし、湯にあてて温めておく。オーブンを170℃に温める。
2　ボウルに卵白、グラニュー糖、はちみつ、塩を入れ、泡立て器で卵白のコシを切るようにとろりと混ぜる（泡立てなくてOK）。aと黒ごまを加えてぐるぐるっと混ぜ、1も加えて混ぜる。
3　型に流し、170℃のオーブンで18〜20分焼く。

紫いものコロコロフィナンシェ

材料（直径4.5cmのマフィン型24個分）
薄力粉　40g
a ｛ アーモンドパウダー　50g
　　紫いもパウダー　30g
　　ベーキングパウダー　小さじ1/4
バター（食塩不使用）　100g
グラニュー糖　80g
卵白　3個分
はちみつ　大さじ1
レモン汁　小さじ1/2
塩　ひとつまみ

下準備と作り方
上と同じ。最後にレモン汁を加えて混ぜる。

紫いもパウダーは、炭火焼きした紫いもを粉状に加工したもの。ほっくりと甘いおいもの風味がおいしく、これでクッキーやパンなどもよく焼いています。（ク）→入手先はp128に

ゆず茶のミニシフォンケーキ

材料（直径7cm×高さ7cmの紙カップ6〜7個分）
薄力粉　70g
ベーキングパウダー　小さじ1/4
グラニュー糖　35g
卵黄、卵白　各3個分
サラダ油　40ml
レモン汁　小さじ1
塩　ひとつまみ
ゆず茶（p80参照）　90g

下準備
・薄力粉とベーキングパウダーは合わせてふるう。
・オーブンを160℃に温める。

作り方
1　ボウルに卵黄を入れて泡立て器でよく溶きほぐし、レモン汁とゆず茶→サラダ油（少しずつ）→粉類の順に加え、そのつど混ぜる。
2　別のボウルに卵白を入れ、塩とグラニュー糖を少しずつ加えながらハンドミキサーで泡立てて、ツヤのあるメレンゲを作る。これを1にひとすくい加え、ぐるぐるっとなじませる。残りのメレンゲの半量を加え、ゴムベラで底からすくうように軽く混ぜたら、今度はそれをメレンゲのボウルに戻し、底からすくうようにして白い筋が見えなくなるまで混ぜる。
3　型に流し、160℃のオーブンで18〜20分焼く。

＊「メープルのコロコロクッキー」(p71)を手で作る場合は…
1 ボウルに室温に戻してやわらかくしたバター、メープルシュガー、塩を入れ、泡立て器かハンドミキサーで白っぽくふんわりするまですり混ぜる。
2 合わせてふるった薄力粉とアーモンドパウダーを一度に加え、ゴムベラでさっくりと混ぜる。生地をまとめて冷蔵室へ。これ以降は作り方の 2 からと同じ。

＊「コーヒーのショートブレッド」(p75)を手で作る場合は…
ボウルに室温に戻したバター、粉砂糖、インスタントコーヒー、塩を入れ、泡立て器かハンドミキサーでふんわりするまですり混ぜる。薄力粉をふるい入れ、ゴムベラでさっくりと混ぜる。これ以降は作り方の 2 からと同じ。

＊「プルーンのミニタルト」(p78)のクランブルを手で作る場合は…
ボウルにバター以外の材料を入れ、泡立て器でぐるぐるっと混ぜる。1.5cm角に切って冷やしておいたバターを加え、指先で粉とすり合わせるようにして、ポロポロとしたそぼろ状にする。

ポピーシードとは、プチプチの食感が楽しく香ばしい、けしの実のこと。p71「けしの実のマドレーヌ」ではブルーポピーシードを使って、黒っぽい生地を作りました。(ク) →入手先は p128 に

お湯で溶かしてほっとひと息、やさしくさわやかな香りのゆず茶。いつも飲んでいるものをジャムに見立てて、p79「ゆず茶のミニシフォンケーキ」に焼き込みました。

ラッピングのしかた

作りたてのおいしさが逃げないよう
シンプルにパパッと包みました、という雰囲気のある、
簡単でさりげないラッピングが好きです。
華やかさはなくても、贈る側にも受け取る側にも、
負担にならない気軽さを大事にしています。

クッキー

a コロコロクッキーは、OPP袋に乾燥剤（シリカゲル）とともに入れ、口部分を折りたたみ、麻ひもでギュッと結びます。こんなふうに麻ひもや紙ひもを使うとカジュアルだし、オーガンジーなどのリボンを選ぶと、ちょっとドレッシーなイメージにも。

b ひとパックにたくさん入ったクッキーもうれしいけれど、2〜3枚ずつのお味見包みも、気軽でかわいい。ドロップクッキーを細長いOPP袋に縦に並べて入れ、カジュアル感のあるペーパーラフィアで結んで。もう少しスリムな袋に、コロコロクッキーを縦に重ねてもキュート。

c 小さなパニムールに、乾燥剤（シリカゲル）1個とクッキーをごそっと詰めて、透明な袋に入れます。シーラー（袋の口を熱で溶かしてとめる機械）で口をとめ、ペーパーラフィアをかけて、シールを飾りました。クッキーは、お行儀よく整列させて並べてもいいですね。

a　　　　　　　　　b　　　　　　　　　c

バターケーキ

a 紙製のミニパウンド型で焼いたバターケーキは、そのまま透明な袋に入れ、シーラーを使って、ケーキに近い位置で口を密封します。袋の余分な部分を裏側に折ってテープでとめ、紙ひもを十字にかけ、タグと一緒にかた結びしました。

b パウンド型で焼いたバターケーキをスライスし、1枚ずつOPP袋に入れます。これはシールつきのOPP袋なので、簡単に口を閉じることができて便利。そのままではちょっとさみしげだから、オリジナルロゴのシールを貼ってみました。

c パウンド型で焼いてスライスしたバターケーキを2枚重ね、OPP袋に入れて口をテープでとめたら、ブルーの細い麻ひもをかけて、シールでひもをとめます。ここでは薄く切り分けたケーキを2枚重ねましたが、厚くカットしたケーキを1枚ずつ包んでもいい。

a　　　　　　　　　b　　　　　　　　　c

ミニロールケーキ

a 紙製のベーキングトレイをボックスとして使ってみました。手でクシュクシュッとさせたワックスペーパーを敷いたら、少し厚めにカットしたロールケーキを1切れのせて透明な袋に入れ、ピンク色のリボンで口を結んで。袋は、英字プリントがほどこされたものを使用。

b 好きな長さにカットしたロールケーキをワックスペーパーにのせたら、くるっと巻いて、ワックスペーパーの両端をキャンディーのようにひねり、ひもやリボンで結びます。ワックスペーパーの代わりに、オーブンシートやOPPシートなどで包んでもいいですね。

a　　　　　　　　　b

81

2章
たかこカフェのレシピ

お持ち帰りの小さな焼き菓子から、
季節に合わせて作る、月替わりのおすすめケーキ、
おしゃべりを楽しみながら、お茶と一緒にいつでも食べたいお菓子、
食後に食べたいひんやりとした甘いデザートまで、いろいろそろえています。
どうぞ、のんびりとページをめくって、くつろいでいってくださいね。

お持ち帰りの プチ・フール

お土産や手土産にぴったりな焼き菓子のセット。
1種類でもいいけれど、いろんな味を伝えたいな。
そんな欲張りな気持ちを込めて、3種類のお菓子を
それぞれ3フレーバーずつ用意しました。
クッキーとチーズケーキは、シーズンメニュー。
季節が変われば、また新作が登場します。

① コロコロクッキーセット

粉雪のようなパウダーシュガーでふわりとくるんだ
コロコロクッキーは、誰にも喜んでもらえる自慢のお菓子。
とても簡単なプロセスで作れてしまうから、
いくつもの味を一度に焼きたくなってしまう私です。
食べてもらいたいフレーバーは、あれこれたくさんある中で、
今日はココア、ヘーゼルナッツ、エダムチーズを焼きました。

②スティックチーズケーキセット

四角く焼いたチーズケーキをスティック状に切り分けて、
セロファンとラッピングペーパーで、キャンディ包みにしました。
1本だけでもかわいいけれど、箱の中に並んだ姿って、
なんだかちょっとキュートだと思いませんか？
持ち運びやすくて、食べやすくて、1人でもいろんな味を
つい試してみたくなるスティックチーズケーキ。
まとめて数種類作っても、冷凍しておけるから大丈夫です。
食べたい時に食べたい分だけ、冷蔵室でゆっくりと解凍して。

コロコロクッキーセット

①ココア

材料（直径2.5cmのもの約30個分）
薄力粉　60g
アーモンドパウダー　45g
ココアパウダー　10g
バター（食塩不使用）　45g
グラニュー糖　25g
塩　ひとつまみ
仕上げ用の粉砂糖　適量

下準備
・バターは1.5cm角に切り、冷蔵室に入れておく。
・天板にオーブンシートを敷く。

作り方

1. フードプロセッサーに薄力粉、アーモンドパウダー、ココアパウダー、グラニュー糖、塩を入れ、3～5秒回してふるう。バターを加えてスイッチのオンとオフをくり返し、ひとかたまりになったら取り出す。平らにまとめてラップで包み、冷蔵室で1時間以上休ませる。

2. オーブンを170℃に温める。生地を直径2.5cmに丸め、天板に間隔をあけて並べ、170℃のオーブンで15分ほど焼く。完全に冷めたら、ポリ袋に入れた粉砂糖の中で転がしてまぶしつける。

＊手で作る場合は…
1. ボウルに室温に戻してやわらかくしたバターを入れ、泡立て器かハンドミキサーでクリーム状に練り、グラニュー糖と塩を加えて白っぽくふんわりするまですり混ぜる。
2. 合わせてふるった薄力粉、アーモンドパウダー、ココアパウダーを一度に加え、ゴムベラでさっくりと混ぜる。生地をまとめて冷蔵室へ。これ以降は上の2からと同じ。

自他ともに認めるお茶好き、紅茶好き、コーヒー好きの私。実は、大いなる隠れココアファンだったりする一面も。夏はアイスに泡立てた生クリームをのせて、冬はホットにマシュマロをふわりと浮かべて。特に、寒い季節にホウロウの小鍋で作るココアは、心も体も温めてくれる、なんともハートウォーミングな飲みものだと思うんですよね。そんなふうだからか、ココアパウダーをふんだんに使って作るお菓子にも、愛情を注いでいます。ココアのコロコロクッキーは、ほろりと崩れるようなやさしい口あたり。ココアの味と色をしっかり感じられるように作りました。冷蔵室や冷凍室に保存して、冷たいまま食べてもおいしいです。

ココアパウダーは、お砂糖やミルクの入っていないものを選んで。お気に入りは、フランス・ベック社かヴァローナ社のもの。風味も香りも色も、文句なしです。
（ク）→入手先はp128に

コロコロクッキーセット

②ヘーゼルナッツ

これにインスタントコーヒーを加えて焼けば、
ヘーゼルナッツの風味豊かなコーヒークッキーに。

材料（直径2.5cmのもの約30個分）
薄力粉　70g
ヘーゼルナッツパウダー　25g
アーモンドパウダー　20g
バター（食塩不使用）　45g
グラニュー糖　20g
塩　ひとつまみ
仕上げ用の粉砂糖　適量

下準備
・バターは1.5cm角に切り、冷蔵室に入れておく。
・天板にオーブンシートを敷く。

ヘーゼルナッツパウダー（プードル）は、西洋はしばみの実を皮ごと粉にしたもの。アーモンドパウダーと合わせて使うのが気に入っています。（ク）→入手先はp128に

作り方

1. フードプロセッサーに薄力粉、ヘーゼルナッツパウダー、アーモンドパウダー、グラニュー糖、塩を入れ、3～5秒回してふるう。バターを加えてスイッチのオンとオフをくり返し、ひとかたまりになったら取り出す。平らにまとめてラップで包み、冷蔵室で1時間以上休ませる。
2. オーブンを170℃に温める。生地を直径2.5cmに丸め、天板に間隔をあけて並べ、170℃のオーブンで15分焼く。完全に冷めたら、粉砂糖をまぶしつける。

コロコロクッキーセット

③チーズ

個性と塩けの強い、濃厚なエダムチーズだから、
お砂糖をごく控えめにし、好みのスパイスやハーブを加えても。

材料（直径2.5cmのもの約30個分）
薄力粉　70g
エダムチーズ（粉末のもの）　20g
バター（食塩不使用）　45g
グラニュー糖　20g
塩　ひとつまみ
くるみ　35g
仕上げ用の粉砂糖　適量

下準備
・くるみは160℃のオーブンで6～8分から焼きし、冷ます。
・バターは1.5cm角に切り、冷蔵室に入れておく。
・天板にオーブンシートを敷く。

作り方

1. フードプロセッサーに薄力粉、エダムチーズ、グラニュー糖、塩を入れ、3～5秒回してふるう。バターとくるみを加えてスイッチのオンとオフをくり返し、ひとかたまりになったら取り出す。平らにまとめてラップで包み、冷蔵室で1時間以上休ませる。
2. オーブンを170℃に温める。生地を直径2.5cmに丸め、天板に間隔をあけて並べ、170℃のオーブンで15分焼く。完全に冷めたら、粉砂糖をまぶしつける。

＊②と③を手で作る場合は…
p86を参照して、③は薄力粉と同じタイミングでエダムチーズ、細かく砕いたくるみを加える。

スティックチーズケーキセット

①コーヒー

材料（15×15cmのスクエア型1台分）
クリームチーズ　120g
グラニュー糖　40g
卵　1個
│生クリーム　120ml
│インスタントコーヒー（粉末のもの）　大さじ1
薄力粉　大さじ2
コンデンスミルク　大さじ1½
塩　ひとつまみ
│ダイジェスティブビスケット　約7枚（65g）
│バター（食塩不使用）　30g

下準備
・クリームチーズと卵は室温に戻す。
・コーヒーは生クリームで溶いておく。
・型にオーブンシートを敷く。

作り方

1　ビスケットをポリ袋に入れ、めん棒でたたいたり転がしたりしながら細かく砕く。電子レンジで溶かしたバターを加えてもみ混ぜ、型の底にスプーンで押しながら敷き詰め、冷蔵室に入れておく。オーブンを160℃に温める。

2　ボウルにやわらかくしたクリームチーズ、グラニュー糖、塩を入れて泡立て器ですり混ぜ、卵→コーヒー＋生クリーム→コンデンスミルク→薄力粉（ふるい入れて）の順に加えてそのつどよく混ぜる（フードプロセッサーで混ぜてもOK）。

3　こし器を通して型に流し、160℃のオーブンで40分ほど焼く。粗熱がとれたら型ごと冷蔵室でしっかりと冷やし、型から出してスティック状に切り分ける。

ほんの数年前まで全く飲めなかったコーヒーも、今でこそいちばんよく飲んでるんじゃない？と思えるほどに愛飲している私。手軽なインスタントコーヒーはじめ、ごく細かく挽いたコーヒー豆、濃くいれたエスプレッソ、コーヒーリキュールなど、様々な材料を使って、コーヒー風味のお菓子をあれやこれやと作っています。以前、とてもすてきな年下の女性から教えていただいた、たんぽぽコーヒー。「本当にこれがたんぽぽなの？」と疑ってしまうほどのおいしさにすっかり魅了され、たんぽぽコーヒーの粉も優秀な素材のひとつとして、私のお気に入りリストに加わりました。次はこれを使って、チーズケーキを作ってみるつもりです。

スティックチーズケーキセット
②くるみ

スティック状にカットしたら、両端を切り落とさない
ラフなそのままのたたずまいも、よく似合います。

材料（15×15cmのスクエア型1台分）
クリームチーズ　120g　　くるみ　50g
サワークリーム　30g　　｜ダイジェスティブビスケット
グラニュー糖　40g　　　｜　約7枚（65g）
卵　1個　　　　　　　　｜バター（食塩不使用）　30g
生クリーム　120ml
薄力粉　大さじ1強
はちみつ　小さじ2
塩　ひとつまみ

下準備
・くるみは160℃のオーブンで6〜8分から焼きし、冷めたら
　細かく砕く。
・クリームチーズ、サワークリーム、卵は室温に戻す。
・型にオーブンシートを敷く。

作り方
1　土台の作り方は、p88と同じ。オーブンを160℃に温める。
2　ボウルにやわらかくしたクリームチーズとサワークリーム、
　　グラニュー糖、塩を入れて泡立て器ですり混ぜ、はちみつ
　　→生クリーム→卵→薄力粉（ふるい入れて）の順に加えて
　　そのつど混ぜる。こし器でこし、くるみを加えて混ぜる。
3　型に流し、160℃のオーブンで40分ほど焼く。粗熱がと
　　れたら型ごと冷蔵室でしっかりと冷やす。

スティックチーズケーキセット
③あんこマーブル

淡い藤色がきれいな、こしあんで作ったマーブル模様を
土台の黒いオレオクッキーで引き締めました。

材料（15×15cmのスクエア型1台分）
クリームチーズ　120g　　市販のこしあん　50g
サワークリーム　50g　　｜オレオクッキー（クリームを
グラニュー糖　50g　　　｜　除いて）約10組（65g）
卵　1個　　　　　　　　｜バター（食塩不使用）　30g
生クリーム　100ml
薄力粉　大さじ2 1/2
塩　ひとつまみ

下準備
・クリームチーズ、サワークリーム、卵は室温に戻す。
・型にオーブンシートを敷く。

作り方
1　土台の作り方は、p88と同じ。オーブンを160℃に温める。
2　ボウルにやわらかくしたクリームチーズとサワークリーム、
　　グラニュー糖、塩を入れて泡立て器ですり混ぜ、生クリー
　　ム→卵→薄力粉（ふるい入れて）の順に加えてよく混ぜる。
3　こし器でこして1/3量を別のボウルに取り分け、こしあん
　　を加えてよくなじませましたら、元のボウルに戻し入れ、ゴム
　　ベラで大きく1〜2回混ぜてマーブル模様を作る。型に流
　　し、160℃のオーブンで40分ほど焼く。粗熱がとれたら
　　型ごと冷蔵室でしっかりと冷やす。

③ショコラセット

お菓子の種類の違いと、風味のバリエーションを楽しんでもらいたい、
チョコレートの焼き菓子です。
お好きな種類をお好みの数、袋や箱に詰めて。
シナモン風味の小さなガトーショコラ、
貝殻の形をしたプレーンなチョコマドレーヌ、
チョコと相性のよいオレンジを焼き込んだフィナンシェ。
どれも男女ともに人気の高い、定番のお菓子ばかりです。

ショコラセット

①シナモン
プチ・ショコラ

材料（直径7cmのマフィン型14個分）
| 製菓用チョコレート（セミスイート）　120g
| バター（食塩不使用）　100g
グラニュー糖　75g
薄力粉　50g
シナモンパウダー　小さじ1
卵黄　2個分
卵白　3個分
生クリーム　50ml
塩　ひとつまみ

下準備
・チョコレートは細かく刻む。
・薄力粉とシナモンパウダーは合わせてふるう。
・型に紙カップを敷く。
・オーブンを160℃に温める。

作り方

1　耐熱ボウルにチョコレートとバターを入れ、電子レンジか湯せんにかけて溶かす。生クリーム→卵黄→粉類の順に加え、泡立て器でなめらかに混ぜる。

2　別のボウルに卵白を入れ、塩とグラニュー糖を少しずつ加えながらハンドミキサーで泡立てて、ツヤのあるしっかりとしたメレンゲを作る。これを1のボウルにひとすくい加え、ぐるぐるっとなじませる。残りのメレンゲの半量を加え、ゴムベラで底からすくうように混ぜたら、今度はそれをメレンゲのボウルに戻し入れ、底からすくうようにして白い筋が見えなくなるまで手早く混ぜる。

3　型に流し、160℃のオーブンで15〜20分焼く。

ライトな食べ心地のガトーショコラレシピを、マフィン型で焼いたお菓子、プチ・ショコラ。プレーンなコロコロクッキーと並んで、もう何年も焼き続けている愛着のあるレシピです。焼いてすぐなら、表面がカサッとしていて、内側はふんわり軽やか。その後、時間の経過とともに落ち着いて、しっとり感を増していきます。たくさんのプチ・ショコラ、オーブンから出したらきちんと冷まして。おいしく食べてもらいたい気持ちを込めて、ひとつずつていねいにラッピングします。OPP袋に入れ、カフェオリジナルのタグと一緒に、袋の口を麻ひもでキュッと結びます。今日はシナモンの香りを添えて焼いたから、ひもを解くとシナモンの甘い香りがほんのりと香るはず。

シナモンパウダーの分量は、お好みで加減を。p117の「スパイスシフォンケーキ」のように、何種類かのスパイスをミックスして使ってもいいですね。

ショコラセット

② チョコマドレーヌ

シェル型で焼いたマドレーヌの品のよさは、群を抜きますね。
繊細な模様がきれいに浮き出るよう、型の下準備はていねいに。

材料（6.5×6.5cmのシェル型18個分）

A ｜ 薄力粉　40g
　　 アーモンドパウダー　40g
　　 ココアパウダー　20g
　　 ベーキングパウダー　小さじ1/3
　　 グラニュー糖　70g
　　 塩　ひとつまみ

バター（食塩不使用）　90g
卵　2個
はちみつ　大さじ1
牛乳　大さじ1
ラム酒　大さじ1/2

下準備
・卵は室温に戻す。
・型にバターを塗って粉をはたく（ともに分量外）。
・オーブンを180℃に温める。

作り方

1　ボウルにAを合わせてふるい入れ、中央にくぼみを作り、溶いた卵、はちみつ、牛乳、ラム酒を加える。泡立て器で粉を少しずつ崩しながら静かに混ぜ、電子レンジなどで溶かしたバター（温かいもの）を加え、なめらかに混ぜる。

2　型に流し、180℃のオーブンで12分ほど焼く。型から出して冷ます。

ショコラセット

③ ココアフィナンシェ

金ののべ棒をかたどったお菓子。おいしいものを食べて
幸せの貯金を重ね、心のお金持ちになりたいな。

材料（9.5×5cmのフィナンシェ型12個分）

A ｜ 薄力粉　35g　　　　グラニュー糖　80g
　　 アーモンドパウダー　50g　卵白　3個分
　　 ココアパウダー　15g　　はちみつ　大さじ1
　　 ベーキングパウダー　　　塩　ひとつまみ
　　 　小さじ1/4　　　　　オレンジスライス*
バター（食塩不使用）　100g　（またはピール）　60g
　　　　　　　　　　　　　　　* p119参照

下準備
・オレンジスライスは細かく刻む。
・型にバターを塗って粉をはたく（ともに分量外）。
・オーブンを180℃に温める。

作り方

1　小鍋にバターを入れて中火にじっくりとかけ、薄茶色〜濃い茶色にこがしてこがしバターを作る（黒くしすぎないように注意）。

2　ボウルに卵白、グラニュー糖、はちみつ、塩を入れ、泡立て器で卵白のコシを切るようにとろりと混ぜる（泡立てなくてOK）。Aを合わせてふるい入れてぐるぐるっと混ぜ、オレンジ、1のバターの順に加えてなめらかに混ぜる。

3　型に流し、180℃のオーブンで15分ほど焼く。型から出して冷ます。

季節の おすすめケーキ

気ぜわしい日常にも、移ろう季節を五感に感じる瞬間があります。
そこから広がる甘くおいしいもののイメージは、
頭の中から両手へと、こぼれるように静かに伝わって。
それらを拾い集めながら、形に変える時間、
私には、幸せ感にあふれた心なごむひとときです。
春をゆるやかに巻き込んだロールケーキに、
夏に涼しさを誘うレアチーズケーキ、
寒い冬にハートを熱くするガトーショコラ。
伝えたい想いやメッセージが小さく詰まった、季節のお菓子たち。
月替わりで、お届けします。

材料（直径10cmの丸型5個分）＊
薄力粉　70g
粉砂糖　60g
卵黄　2個分
卵白　3個分
牛乳　大さじ1
塩　ひとつまみ
　生クリーム　150ml
　グラニュー糖　小さじ1
　ラム酒など好みのリキュール（あれば）　小さじ1
粉砂糖、仕上げ用のいちご、ミントの葉　各適量
＊直径7cmのマフィン型なら12個分

下準備
・薄力粉はふるう。
・型にバターを塗って粉をはたく（ともに分量外）。
・オーブンを180℃に温める。

作り方
1　ボウルに卵黄、粉砂糖の半量を入れてもったりするまで泡立て、牛乳も加えてさっと混ぜる。
2　別のボウルに卵白を入れ、塩と残りの粉砂糖を少しずつ加えながらハンドミキサーで泡立てて、ツヤのあるしっかりとしたメレンゲを作る。これを1のボウルにひとすくい加えてぐるぐるっとなじませ、残りのメレンゲを2回に分けて加え、ゴムベラで底からすくうようにさっくりと混ぜる。薄力粉をふり入れ、ゴムベラで底からすくうようにして混ぜる。
3　型に流し、表面に茶こしで粉砂糖をふり、180℃のオーブンで15分ほど焼く。型から出して冷ます。
4　ボウルに生クリーム、グラニュー糖、リキュールを入れ、ふんわりと泡立てる（七〜八分立て）。ケーキの上面を手でざっくりと十字に割り、生クリームをはみ出るように絞り込み（スプーンで入れてもOK）、小さく切ったいちご、ミントの葉、粉砂糖を飾る。

パフケーキは、型より少し背の低い焼き上がり。底がとれる丸型やマンケ型（底がすぼまった浅い丸型）で焼くと、取り出しやすいです。

■ 4月のケーキ／

いちごの小さなパフケーキ

うららかな春。やさしくほほをなでるように吹く風は、さわやかな冷たさと心地よい暖かさを含んで、これから先、何かいいことが待っているような予感に、思わず心もはずむ4月です。新年度、新生活、新しく始まる1ページでは、大きくふくらむ夢の中に、少しばかりの不安も見え隠れするもの。大人だって、きっとそう。だけど、そんな緊張感を小さな甘いお菓子が解いてくれること、あると思うんです。ひと目見て、ひと口食べて、にっこりうれしくなるような、かわいくっておいしいお菓子。誰にも幸せ感を届けてくれるお菓子。たまご色のふわりと軽やかな生地に、白いクリームと真っ赤ないちごを組み合わせた、こんなパフケーキを焼きたくなる季節です。

4月のケーキ／

お煎茶のロールケーキ

材料（24×24cmの天板1枚分）*
スポンジ生地
| 薄力粉　35g
| グラニュー糖　45g
| 卵　2個
| 卵黄　1個分
| 生クリーム　大さじ3
| 煎茶の葉（刻んで）　大さじ1弱（6g）
クリーム
| 生クリーム　80ml
| コンデンスミルク　大さじ1/2

＊30cm角の天板で作る時は、材料を1.5倍に、焼き時間は同じ

下準備
・卵と卵黄は室温に戻す。
・薄力粉はふるう。
・天板にオーブンシート（あればわら半紙）を敷く。
・オーブンを180℃に温める。

作り方

1. スポンジを作る。ボウルに卵、卵黄、グラニュー糖を入れ、湯せんにかけてハンドミキサーの高速で泡立て、人肌に温まったら湯せんからはずし、もったりするまで泡立てる（すくうとゆっくりと落ち、リボン状に積もるくらい）。ハンドミキサーを低速に落とし、キメを整える。

2. 薄力粉と煎茶の葉をふり入れ、ゴムベラで底からすくうようにして、ふんわりとツヤっぽい状態になるまでしっかりと混ぜる。電子レンジなどで熱くした生クリームを散らすように加え、手早く混ぜる。

3. 天板に流して平らにならし、180℃のオーブンで10分ほど焼く。天板からはずし、紙をつけたまま冷ます（粗熱がとれたらラップをかけておく）。

4. ボウルにクリームの材料を入れ、ふんわりと泡立てる（七〜八分立て）。スポンジの紙をはがし、焼き色がついた面を上にして紙の上に置き、巻き終わりになる部分を斜めに切り落として、クリームを全体に広げる。手前側をキュッと折り込むように巻いて芯になる部分を作り、くるくる巻いて巻き終わりを下にしてラップで包み、冷蔵室で1時間以上なじませる。

春の風景を桃色で美しく飾った桜の花が散り、新緑のグリーンが太陽の光を浴びて輝きはじめる頃。そういえば、新茶の時期も近いのだなぁと、ふと思い出します。お茶屋さんで上品な和菓子と一緒にのんびり新茶をいただいたあと、自分へのお土産に新しいお茶の葉を買って帰るのも、毎春のお楽しみ。そして、ウチではこんな気軽なロールケーキをお茶うけに焼いて、私なりのお茶時間を過ごしています。余談ですが、日本の新茶と重なるようにクオリティーシーズンを迎えるのは、ダージリンのファーストフラッシュ。すがすがしい渋みとほのかな甘み、淡いオレンジの水色（すいしょく）に魅せられて、ミルクティー好きな私もこちらのお茶は、ブラックティーでいただきます。

お煎茶は、使う茶葉によって色や香りの出方が違ってきます。飲んでおいしい、好みのもので作ってみて。

24cm角のミニロールケーキ天板は、使う材料のそろえやすさ、巻きやすさでは群を抜いています。溺愛しているといっても過言でないほど、愛用しています。（馬）→入手先はp128に

材料（直径10cmのシフォン型4台分）＊
薄力粉　60g
ベーキングパウダー　小さじ1/2
グラニュー糖　60g
ココナッツパウダー　30g
卵黄、卵白　各3個分
サラダ油　大さじ2＋小さじ1
塩　ひとつまみ
バナナ　小1本（正味60g）
仕上げ用の生クリーム、キャラメルソース、
　ブルーベリー、ミントの葉、粉砂糖　各適量
＊直径17cmのシフォン型なら1台分、焼き時間は160℃で約30分

下準備
・バナナは皮をむき、フォークで粗くつぶす。
・薄力粉とベーキングパウダーは合わせてふるう。
・オーブンを160℃に温める。

作り方
1　ボウルに卵黄、グラニュー糖の1/3量を入れて泡立て器でなじむまで混ぜ、サラダ油（少しずつ）→バナナ→ココナッツパウダー→粉類の順に加えて混ぜる。
2　別のボウルに卵白を入れ、塩と残りのグラニュー糖を少しずつ加えながらハンドミキサーで泡立てて、ツヤのあるしっかりとしたメレンゲを作る。これを1のボウルにひとすくい加え、ぐるぐるっとなじませる。残りのメレンゲの半量を加え、ゴムベラで底からすくうように軽く混ぜたら、今度はそれをメレンゲのボウルに戻し入れ、底からすくうようにして白い筋が見えなくなるまで手早く混ぜる。
3　型に流し、軽くゆすって平らにならし、160℃のオーブンで20分ほど焼く（中央に竹串をさしてみて、どろっとした生地がつかなければ焼き上がり）。型を逆さにして完全に冷ます。型から出す時は、型の側面とケーキの間にナイフを差し込んで一周させ、型からはずす→筒部分、底とケーキの間にもナイフを一周させてはず。グラニュー糖少々（分量外）を加えてふんわり泡立てた生クリームを表面に塗り、キャラメルソースをかけ、ブルーベリー、ミントの葉、粉砂糖を飾る。

＊キャラメルソースの作り方（作りやすい分量・約100ml分）
小鍋にグラニュー糖80gと水大さじ1/2を入れて中火にかけ、鍋をゆすらずに溶かし、茶色くなりはじめたら鍋を回して色みを均一にし、好みのこげ茶色になったら火を止める。熱湯大さじ3を少しずつ（はねるので注意）、バター20g、塩ひとつまみを加えて混ぜる。

ここでは「ココナッツファイン」と呼ばれる細かなココナッツパウダーを使用しましたが、「ココナッツロング」を使うと、食感をより楽しめます。（ク）→入手先はp128に

5月のケーキ／

バナナとココナッツの
シフォンケーキ

通年安定して出回っていて、いつでもおいしいバナナ。そのままで食べるのは少し苦手なのに、バナナを焼き込んだケーキは好きな私。煮込んだ大根は苦手、だけど、生で食べるのは大好き。それと似たような感覚？　好みや味覚っておかしいものね、なんて、自分のことながらおもしろがっています。シフォンは普段、直径17cmの型で焼くことが多いのですが、今日は10cmで。ちょうど2人分くらいのサイズになるでしょうか。親しい誰かと仲良く切り分けてくださいね。ひとつのお菓子やお料理を分け合うって、信頼と親密の度合いがある程度深い関係でなければ、おいしく感じられないもの。おいしいもの、喜びをシェアできる人がいる。幸せなことです。

6月のケーキ／

紅茶のカッテージチーズケーキ

雨降りの日がふえる6月は、洗濯ものが乾きにくかったり、お気に入りの靴やお洋服をぬらしてしまうのがためらわれたりで、気持ちもなんだか滅入りがち。だけど、梅雨の晴れ間、見上げた空に見つけた虹や、咲きそろったあじさいの雨にぬれた色っぽい様、雨の夜の1人ドライブ…きらりと光る瞬間は、いろいろあるものです。家の中でできること、お菓子を作ることも、そう。レディーライクなお菓子、紅茶のチーズケーキを用意して、女友達を招き、にぎやかなおしゃべりに憂鬱を吹き飛ばすのもよい手段です。アールグレイをほのかに漂わせた、こっくりとまろやかなチーズ生地は、カッテージチーズを使ってカロリーダウンさせたので、おかわりも心置きなく。

材料（15×15cmのスクエア型1台分）
カッテージチーズ（裏ごしタイプ）　120g
グラニュー糖　40g
卵　1個
生クリーム　120ml
薄力粉　大さじ2
コンデンスミルク　大さじ1 1/2
紅茶の葉　4g（ティーバッグなら2袋）
塩　ひとつまみ
│ダイジェスティブビスケット　約7枚（65g）
│バター（食塩不使用）　30g
飾り用の粉砂糖　適量

下準備
・カッテージチーズと卵は室温に戻す。
・紅茶の葉は細かく刻む（ティーバッグならそのままで）。
・型にオーブンシートを敷く。

作り方

1　ビスケットをポリ袋に入れ、めん棒でたたいたり転がしたりしながら細かく砕く。電子レンジで溶かしたバターを加えてもみ混ぜ、型の底にスプーンで押しながら敷き詰め、冷蔵室に入れておく。オーブンを160℃に温める。

2　ボウルにやわらかくしたカッテージチーズ、グラニュー糖、紅茶の葉、塩を入れて泡立て器ですり混ぜ、卵→生クリーム→コンデンスミルク→薄力粉（ふるい入れて）の順に加えてそのつどよく混ぜる（フードプロセッサーで混ぜてもOK）。

3　こし器を通して型に流し、オーブンに入れて天板のふちギリギリまで熱湯を注ぎ（やけどに注意）、160℃で45分ほど湯せん焼きにする（途中で湯がなくなったら足して）。粗熱がとれたら型ごと冷蔵室でしっかりと冷やし、好みで粉砂糖をふる。

＊アイスクリーム、ホイップクリーム、ダークチェリーを重ね、ミントの葉を飾ったミニパフェを添えて

カッテージチーズで作るチーズケーキは、あっさりとまろやかな味わい。チーズのコクは控えめになりますが、そのぶんカロリーも控えめになるのがうれしい。

お菓子作りに使う紅茶は、手軽なティーバッグのほか、「ファニングス」「ダスト」と呼ばれる細かな茶葉が便利。香りも様々な中、私の定番はアールグレイです。

材料（直径15cmの底がとれる丸型1台分）
マンゴー（缶詰・汁けをきって）　180g
クリームチーズ　120g
グラニュー糖　40g
生クリーム　80ml
オレンジリキュール（コアントロー）　大さじ1/2
レモン汁　小さじ1/2
　粉ゼラチン　5g
　水　大さじ2
　ダイジェスティブビスケット　約7枚（65g）
　バター（食塩不使用）　30g

下準備
・クリームチーズは室温に戻す。
・マンゴーはフードプロセッサーにかけるか、包丁で繊維を断つように切ったあとフォークで細かくつぶす。
・粉ゼラチンは分量の水にふり入れ、ふやかしておく。

作り方
1　ビスケットをポリ袋に入れ、めん棒でたたいたり転がしたりしながら細かく砕く。電子レンジで溶かしたバターを加えてもみ混ぜ、型の底にスプーンで押しながら敷き詰め、冷蔵室に入れておく。
2　ボウルにやわらかくしたクリームチーズ、グラニュー糖を入れて泡立て器ですり混ぜ、生クリーム→リキュール→レモン汁の順に加えてそのつどよく混ぜる。電子レンジに数秒かけて溶かしたゼラチン（沸騰させないよう注意）を加えて混ぜ、こし器でこし、マンゴーも加えてよく混ぜる。
3　型に流し、軽くゆすって平らにならし、冷蔵室で2時間以上冷やし固める。

＊アイスクリームに細かくつぶしたマンゴーをかけ、チャービルを飾って添えても（写真下）

7月のケーキ／

マンゴーの
レアチーズケーキ

思わず目を細めてしまいたくなるほどに、太陽の日差しがまぶしく感じられる夏。ひんやりつるんとしたお菓子が、だんだんと恋しくなる季節です。様々な味と形のバリエーションで、一年じゅう楽しんでいるレアチーズケーキ。今日はマンゴーフレーバーで作りましょう。マンゴーは缶詰を使うから、手軽で簡単、お財布にもやさしいレシピ。繊維の多いフルーツなので、フードプロセッサーやミキサーなど、機械の力を借りてピューレ状にします。スポンジ生地を土台にしたレアチーズにも心揺れますが、火を使わなくてもいいよう、市販のビスケットを砕いて敷きました。トロピカルな南国情緒漂う冷たいデザートに、開放的な気分を味わってくださいね。

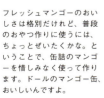

フレッシュマンゴーのおいしさは格別だけれど、普段のおやつ作りに使うには、ちょっとぜいたくかな。ということで、缶詰のマンゴーを惜しみなく使って作ります。ドールのマンゴー缶、おいしいんですよ。

8月のケーキ／
黄桃のタルト

材料（16×16cmの底がとれるタルト型1台分）*
タルト生地
- 薄力粉　90g
- バター（食塩不使用）　40g
- 粉砂糖　20g
- 卵　1/4個分
- 塩　ひとつまみ

アーモンドクリーム
- アーモンドパウダー　65g
- グラニュー糖　50g
- サワークリーム　30g
- バター（食塩不使用）　30g
- 卵　1個
- 薄力粉　大さじ1強
- ピーチリキュール（あれば）　大さじ1/2

黄桃（缶詰）　半割りのもの5個
打ち粉用の粉（あれば強力粉）、
　飾り用のピスタチオ、粉砂糖　各適量

＊入手先は（馬）→p128へ

ピーチのリキュール「クレーム・ド・ペシェ」は、少し加えると風味が一段アップします。ミルクで割って飲んでもおいしい。

下準備
・タルト生地用のバターは1.5cm角に切り、冷蔵室に入れておく。
・アーモンドクリーム用のサワークリーム、バター、卵は室温に戻す。

作り方
1. タルト生地を作る。フードプロセッサーに薄力粉、粉砂糖、塩を入れ、3〜5秒回してふるう。バターを加えてスイッチのオンとオフをくり返し、さらっと混ざったら卵を加えてスイッチのオンとオフをくり返し、ひとかたまりになったら取り出す。平らにまとめてラップで包み、冷蔵室で1時間以上休ませる。
2. 打ち粉をふった台に取り出し、めん棒で2〜3mm厚さに四角くのばし、型にきっちりと敷き込んで底面全体にフォークで穴をあけ、ラップをかけて冷蔵室で30分以上休ませる。
3. オーブンを180℃に温める。アーモンドクリームを作る。ボウルにやわらかくしたサワークリームとバター、グラニュー糖を入れ、泡立て器ですり混ぜる。アーモンドパウダー→溶いた卵（少しずつ）→薄力粉→リキュールの順に加えて混ぜる（フードプロセッサーで混ぜてもOK）。
4. 2の生地に3のクリームを流して平らにならし、汁けをきって薄くスライスした黄桃を並べ、180℃のオーブンで40分ほど焼く。粗熱がとれたら型から出し、好みで刻んだピスタチオと粉砂糖を飾る。

＊タルト生地を手で作る場合は…
ボウルに室温に戻したバター、粉砂糖と塩を入れ、泡立て器かハンドミキサーで白っぽくふんわりするまですり混ぜる。卵を加えて混ぜ、ふるった薄力粉を加えてゴムベラで混ぜ、生地をまとめて冷蔵室へ。これ以降は上の2からと同じ。

16×16cmの正方形のタルト型。今いちばんのお気に入りの型で、8月のお菓子を焼きました。サワークリームの入ったアーモンドクリームに、黄桃をいっぱいに並べた涼やかな味わいのタルトは、エアコンと冷たい飲みもので冷えた体にもやさしいお菓子です。小ぶりな正方形のタルト型をずっと探していたのだけれど、なかなか見つからずに半ば諦めかけていたある日、お菓子の道具店さんが私の想いを叶えてくださいました。ウチで食べるのにも、贈りものにするにも、私にはベストな大きさで、本当に使い勝手がよくって。うれしくてうれしくて、手元に届いてからというもの、様々なタルトを焼き続けています。

材料（18×18cmのスクエア型1台分）
薄力粉　90g
ベーキングパウダー　小さじ1/3
バター（食塩不使用）　100g
グラニュー糖　75g
アーモンドパウダー　30g
卵　2個
卵黄　1個分
はちみつ　大さじ1
牛乳　大さじ1
塩　ひとつまみ
　ドライいちじく（細かく刻んで）　80g
　くるみ、スライスアーモンド、
　　マカダミアナッツなど　合わせて100g
カラメルソース
　グラニュー糖　30g
　水　小さじ1
　熱湯　大さじ2
　ラム酒　大さじ2
仕上げ用の生クリーム、ミントの葉　各適量

カラメルソースは、バターケーキにしみ込ませた時に味がボケないよう、お砂糖を濃いこげ茶色にこがして苦みをきっちり引き出すのが好みです。

下準備
・ナッツは160℃のオーブンで6〜8分から焼きし、冷めたら細かく砕く。
・バター、卵、卵黄は室温に戻す。
・薄力粉、ベーキングパウダー、塩は合わせてふるう。
・型にオーブンシートを敷くか、バターを塗って粉をはたく（ともに分量外）。
・オーブンを160℃に温める。

作り方
1　カラメルソースを作る。小鍋にグラニュー糖と水を入れて中火にかけ、鍋をゆすらずに溶かし、好みのこげ茶色になったら火を止める。熱湯を少しずつ注いで混ぜ（はねるので注意）、ラム酒を加えて冷ます。
2　ボウルにやわらかくしたバターを入れ、泡立て器かハンドミキサーでクリーム状に練り、グラニュー糖を加えて白っぽくふんわりするまですり混ぜる。はちみつ→溶いた卵と卵黄の半量（少しずつ）→アーモンドパウダー→残りの卵（少しずつ）の順に加え、そのつどよく混ぜる。
3　粉類をふり入れ、ゴムベラで底からすくうようにして混ぜ、やや粉っぽさが残るところでいちじく、ナッツ、牛乳を加え、ツヤが出るまで手早くていねいに混ぜる。
4　型に流して平らにならし、160℃のオーブンで45分ほど焼く（中央に竹串をさしてみて、どろっとした生地がつかなければ焼き上がり）。アツアツの表面に1のカラメルソースをかける。
　＊小さく切り分けて、ふんわり泡立てた生クリーム、ミントの葉を添えて

 月のケーキ／

いちじくとナッツの
カラメルバターケーキ

残暑厳しい日々はまだ続くけれど、めくったカレンダーが9月に変わると、気持ちはもう秋へ。真っ白のサンダルやかごのバッグ、マドラスチェックのワンピースも、ひと夏の思い出と一緒に大事に片づけて、秋支度。温かなカフェオレが似合うお菓子を焼けば、涼しくなってからやりたいいろいろなことが、頭の中をかけめぐります。そんなわくわくした気持ちをケーキに詰めて、おすそわけ。今日のお菓子は、ラム酒のきいたカラメルソースがアクセント、いちじく、くるみ、アーモンド、マカダミアナッツをぎっしりと焼き込んだバターケーキです。今月も終わる頃、金木犀の芳香が街を包みはじめたら、秋本番。私の心待ちにしている季節が、ゆっくりと幕を開けます。

10月のケーキ／

紅茶と洋梨の
ロールケーキ

花のように香る紅茶の葉でミルクティー色に染めたスポンジに、細かく刻んだ洋梨を散らしたクリームを塗り広げ、くるりと巻きました。クリームを広げる前の生地に、洋梨のリキュールをしみ込ませてもおいしい。繊細なしとやかさに、大人の女性らしさがプラスされた1本になります。数年前の秋、星をこぼしたような夜景の美しいレストランで、ディナーを楽しんだ時に出てきたデザートが、洋梨のコンポートでした。ブランデーの青い炎に包まれながら、フランベされた温かい洋梨、添えられた冷たいバニラアイスクリームとの調和も見事で、夢のようにとろけるひと皿だったのです。以来、洋梨を使ったお菓子を作るたび、その日の幸せな夜の記憶が甘くよみがえります。

材料（24×24cmの天板1枚分）＊
スポンジ生地
| 薄力粉　30g
| グラニュー糖　45g
| 卵黄、卵白　各2個分
| 塩　ひとつまみ
| 生クリーム　大さじ3
| 紅茶の葉　4g（ティーバッグなら2袋）
洋梨クリーム
| 生クリーム　80ml
| 洋梨（缶詰・汁けをきって）　80g
| グラニュー糖　小さじ1
| 洋梨リキュール（あれば）　小さじ1/2

＊30cm角の天板で作る時は、材料を1.5倍に、焼き時間は同じ

下準備
・紅茶の葉は細かく刻み（ティーバッグならそのままで）、生クリームと合わせる。
・薄力粉はふるう。
・天板にオーブンシート（あればわら半紙）を敷く。
・オーブンを180℃に温める。

作り方

1 スポンジを作る。ボウルに卵白を入れ、塩とグラニュー糖を少しずつ加えながらハンドミキサーで泡立てて、ツヤのあるしっかりとしたメレンゲを作る。卵黄を1個分ずつ加え、均一になじむように混ぜる。

2 薄力粉をふり入れ、ゴムベラで底からすくうようにして、ふんわりとツヤっぽい状態になるまでしっかりと混ぜる。電子レンジなどで熱くした紅茶＋生クリームを散らすように加え、手早く混ぜる。

3 天板に流して平らにならし、180℃のオーブンで10分ほど焼く。天板からはずし、紙をつけたまま冷ます（粗熱がとれたらラップをかけておく）。

4 ボウルにクリームの材料（洋梨は細かく刻んで）を入れ、ふんわりと泡立てる（七〜八分立て）。スポンジの紙をはがし、焼き色がついた面を上にして紙の上に置き、巻き終わりになる部分を斜めに切り落として、クリームを全体に広げる。手前側をキュッと折り込むように巻いて芯になる部分を作り、くるくる巻いて巻き終わりを下にしてラップで包み、冷蔵室で1時間以上なじませる。

洋梨のシロップ煮は、手作りのものがなによりだけれど、手間ひまかけられない時など、缶詰に頼るのも手だと思います。（ク）→入手先はp128に

洋梨のリキュール「ポワール・ウィリアムス」。香りが命なので、小びんで求め、早めに使いきるようにしています。（ク）→入手先はp128に

材料（直径15cmの底がとれる丸型1台分）
クランブル生地
| 薄力粉　60g
| アーモンドパウダー　30g
| ココアパウダー　10g
| バター（食塩不使用）　40g
| グラニュー糖　30g
| 塩　ひとつまみ
アーモンドクリーム
| アーモンドパウダー　60g
| バター（食塩不使用）　40g
| グラニュー糖　35g
| 卵　1個
| 薄力粉　大さじ1強
| 生クリーム　大さじ1＋小さじ1
| ラム酒　大さじ1/2
| 紫いも　約3/4本（正味200g）

下準備
・クランブル用のバターは1.5cm角に切り、冷蔵室に入れておく。
・アーモンドクリーム用のバターと卵は室温に戻す。
・紫いもは皮をむいて1.5cm角に切り、電子レンジか蒸し器でやわらかくする。

作り方
1　クランブルを作る。フードプロセッサーにバター以外の材料をすべて入れ、3～5秒回してふるう。バターを加えてスイッチのオンとオフをくり返し、ポロポロとしたそぼろ状になったら取り出す。
2　型の底に1の半量を敷き詰め、スプーンの背で押しつけて平らにならし、ラップをかけて冷蔵室に入れておく。残りのクランブルはポリ袋に入れ、冷蔵室に入れておく。オーブンを180℃に温める。
3　アーモンドクリームを作る。ボウルにやわらかくしたバター、グラニュー糖を入れ、泡立て器ですり混ぜる。アーモンドパウダー→溶いた卵（少しずつ）→薄力粉→生クリーム→ラム酒の順に加え、よく混ぜる（フードプロセッサーで混ぜてもOK）。紫いもを加え、ゴムベラで全体に混ぜる。
4　2の型に3のクリームを流して平らにならし、冷やしておいたクランブルを散らし、手でそっと押して平らにして、180℃のオーブンで40分ほど焼く。熱いうちに型とケーキの間にナイフをぐるりと入れ、粗熱がとれたら型から出す。

＊クランブルを手で作る場合は…
ボウルにバター以外の材料を入れて泡立て器で混ぜ、1.5cm角に切って冷やしておいたバターを加え、指先で粉とすり合わせるようにして、ポロポロとしたそぼろ状にする。

11月のケーキ／

紫いもの
クランブルタルト

折にふれ、粉感にあふれた焼き菓子の魅力に感じ入るこの頃。ことにタルトから放たれる引力は大きくて、お茶菓子にプレゼントにと、秋の味覚をせっせと焼き込む日々です。今月のタルトは、台とトッピングにクランブルを使うイージーなレシピ。鮮やかな紫いもを使い、クランブルもココア色にして、ビビッドに仕上げました。紫いもは角切りにしましたが、つぶして生地に混ぜ込んでも、断面にマーブル模様が描かれてきれいです。秋から冬へ。色づきはじめた街路樹から、そっと紅葉の時季を知らされます。夜桜は人を狂わせるというけれど、ライトアップされた燃えるように紅い紅葉にも、そんな魔力があるような気がしてならない私なのでした。

[12]月のケーキ／

ホワイトスフレ
チーズケーキ

真っ赤なポインセチアが街を彩れば、近づくクリスマスに誰もが心躍らせる12月です。気ぜわしく過ごすうち、あっという間に今年も終わってしまいそうになるけれど、足元をしっかりと見つめて、出会ったうれしい出来事も悲しい出来事も、すべてを振り返りながら日々を大切に過ごしたい。今年はどんな1年でしたか？ 心に深く刻まれた想い出はいくつありますか？ 誰にも話せない、だけど誰かに聞いてもらいたい…もしも熱い想いを胸に抱えているならば、こっそり打ち明けにきて。どこまでもやさしいお菓子、ホワイトスフレチーズケーキを焼いておきますね。キャンドルが揺れる長い夜に、デザートワインとともにゆっくりと語らいましょう。

材料（直径18cmの底がとれる丸型1台分）
クリームチーズ　120g
粉砂糖　60g
サワークリーム　50g
プレーンヨーグルト　50g
卵白　3個分
生クリーム　大さじ4
薄力粉　大さじ2 1/2
コンデンスミルク　大さじ1
レモン汁　小さじ1
塩　ひとつまみ
土台のスポンジ生地
　薄力粉　20g
　グラニュー糖　20g
　卵　1個
　生クリーム　大さじ1
飾り用の粉砂糖　適量

下準備
・スポンジ生地用の卵、クリームチーズ、サワークリームは室温に戻す。
・型にオーブンシートを敷く。
・オーブンを170℃に温める。

作り方

1　スポンジを作る。ボウルに卵とグラニュー糖を入れ、湯せんにかけてハンドミキサーの高速で泡立て、人肌に温まったら湯せんからはずし、もったりするまで泡立てる（すくうとゆっくりと落ち、リボン状に積もるくらい）。ハンドミキサーを低速に落とし、薄力粉をふるい入れて粉っぽさがなくなるまで手早く混ぜ、電子レンジなどで熱くした生クリームを散らすように加えて混ぜる。

2　型に流し、170℃のオーブンで10分ほど焼き、冷めたらオーブンシートをはずして型に敷く。側面にはオーブンシートを敷く。オーブンを150℃に温める。

3　ボウルにやわらかくしたクリームチーズとサワークリーム、粉砂糖の1/3量を入れて泡立て器ですり混ぜ、ヨーグルト→生クリーム→薄力粉（ふるい入れて）→コンデンスミルク→レモン汁の順に加えてそのつどよく混ぜ（フードプロセッサーで混ぜてもOK）、こし器でこす。

4　別のボウルに卵白を入れ、塩と残りの粉砂糖を少しずつ加えながらハンドミキサーで泡立てて、とろとろとリボン状に落ちるゆるめのメレンゲを作る（六～七分立て）。これを3のボウルにひとすくい加え、ぐるぐるっとなじませる。残りのメレンゲの半量を加え、ゴムベラで底からすくうように軽く混ぜたら、今度はそれをメレンゲのボウルに戻し入れ、底からすくうようにして白い筋が見えなくなるまで手早く混ぜる。

5　型に流し、軽くゆすって平らにならし、150℃のオーブンで60分ほど焼く。粗熱がとれたら型ごと冷蔵室でしっかりと冷やし、好みで粉砂糖をふる。

104

材料（24×24cmの天板1枚分）*
スポンジ生地
　米粉　20g
　薄力粉　15g
　和三盆糖（なければ粉砂糖）　45g
　バター（食塩不使用）　20g
　卵　2個
　卵黄　1個分
クリーム
　生クリーム　100ml
　和三盆糖（なければ粉砂糖）　小さじ1
＊30cm角の天板で作る時は、材料を1.5倍に、焼き時間は同じ

下準備
・卵と卵黄は室温に戻す。
・米粉と薄力粉は合わせてふるう。
・天板にオーブンシート（あればわら半紙）を敷く。
・オーブンを180℃に温める。

作り方
1　スポンジを作る。ボウルに卵、卵黄、和三盆糖を入れ、湯せんにかけてハンドミキサーの高速で泡立て、人肌に温まったら湯せんからはずし、もったりするまで泡立てる（すくうとゆっくりと落ち、リボン状に積もるくらい）。ハンドミキサーを低速に落とし、キメを整える。
2　粉類をふり入れ、ゴムベラで底からすくうようにして、ふんわりとツヤっぽい状態になるまでしっかりと混ぜる。電子レンジなどで溶かしたバター（温かいもの）を散らすように加え、手早く混ぜる。
3　天板に流して平らにならし、180℃のオーブンで10分ほど焼く。天板からはずし、紙をつけたまま冷ます（粗熱がとれたらラップをかけておく）。
4　ボウルにクリームの材料を入れ、ふんわりと泡立てる（七〜八分立て）。巻き方はp102と同じ。

「リ・ファリーヌ」という製菓用の米粉。薄力粉の100％を置き換えることもできますが、一部を米粉に替えた時に生まれる、口あたりのなめらかさが好きです。（ク）→入手先はp128に

品のよい独特の甘み、舌の上ですーっと静かに消えるような口溶けのよさは、和三盆糖ならでは。洋菓子の材料としても秀逸です。「阿波三盆糖」は（ク）→入手先はp128に

1月のケーキ／
米粉のロールケーキ

新しい1年がはじまりました。なぜだかどうしても日本的なものに引き寄せられてしまう1月だから、普段使いの器も、作るお菓子も、ちょっぴり和風が気分です。日々焼くケーキも、気持ちの向かう方向を素直になぞりながら作りたい私。米粉を使ったお菓子を、今月のメニューボードに書き込んでみました。いちばんのおすすめは、粉の一部を米粉に、お砂糖に和三盆糖を使った、はんなりとした和の趣を感じさせるロールケーキ。やわらかでキメ細やかで、とても口溶けのよい生地です。新春を祝う縁起のよいお茶、大福茶をていねいにいれてお迎えします。健康で喜びに満ちあふれた、すばらしい1年であることを心から祈って。

2月のケーキ／
カフェショコラ

材料（直径15cmの底がとれる丸型1台分）
- 製菓用チョコレート（セミスイート）　80g
- バター（食塩不使用）　40g

グラニュー糖　60g
薄力粉　20g
ココアパウダー　10g
卵黄、卵白　各2個分
生クリーム　50ml
インスタントコーヒー（粉末のもの）　大さじ1
塩　ひとつまみ
仕上げ用の生クリーム、ミントの葉　各適量

下準備
・チョコレートは細かく刻む。
・薄力粉とココアパウダーは合わせてふるう。
・型にオーブンシートを敷くか、バターを塗って粉をはたく（ともに分量外）。
・オーブンを160℃に温める。

作り方

1. 耐熱ボウルにチョコレートとバターを入れ、電子レンジか湯せんにかけて溶かす。生クリームとコーヒーを加え、泡立て器でなめらかに混ぜる。

2. 別のボウルに卵黄、グラニュー糖の1/3量を入れて泡立て器で白っぽくなるまですり混ぜ、1、粉類の順に加えてなめらかに混ぜる。

3. 別のボウルに卵白を入れ、塩と残りのグラニュー糖を少しずつ加えながらハンドミキサーで泡立てて、ツヤのあるしっかりとしたメレンゲを作る。これを2のボウルにひとすくい加え、ぐるぐるっとなじませる。残りのメレンゲの半量を加え、ゴムベラで底からすくうように軽く混ぜたら、今度はそれをメレンゲのボウルに戻し入れ、底からすくうようにして白い筋が見えなくなるまで手早く混ぜる。

4. 型に流し、軽くゆすって平らにならし、160℃のオーブンで35分ほど焼く（中央に竹串をさしてみて、生地が少しついてくるくらいで焼き上がり）。

＊ふんわり泡立てた生クリーム、ミントの葉を添えて

子どもの頃からずっと、お菓子が好きでした。作るのも、食べるのも、もちろん食べてもらうのも。お菓子を作っていてよかったと思う瞬間、数えきれないくらいにある中で、大好きな人に自分の作ったお菓子を食べてもらえること、なによりも幸せに感じます。バレンタインデーに女の子がチョコレートを手作りするのも、ときめくような幸せに心を酔わせたいから、ですよね。女の子と呼ばれるには、ひっくり返ったって遅すぎる歳になってしまったけれど、女ですもの、いくつになっても恋する気持ちは持ち続けていたいもの。2月のお菓子、ガトーショコラは恋のレシピです。チョコとコーヒーが奏でるおいしいハーモニー、誰かの胸に響きますように。

愛用しているチョコレートは、ベルギー・カレボー社のセミスイート。細かく刻んで溶かして使うのが基本ですが、これはタブレット状で、ひと手間省けます。（ク）→入手先はp128に

材料（直径17cmのシフォン型1台分）
薄力粉　65g
ベーキングパウダー　小さじ1/2
グラニュー糖　55g
プレーンヨーグルト　50g
卵黄、卵白　各3個分
サラダ油　大さじ2＋小さじ1
塩　ひとつまみ
フルーツミックス　100g
仕上げ用の生クリーム、ミントの葉　各適量

下準備
・薄力粉とベーキングパウダーは合わせてふるう。
・オーブンを160℃に温める。

作り方
1　ボウルに卵黄、グラニュー糖の1/3量を入れて泡立て器でなじむまで混ぜ、ヨーグルトとサラダ油（それぞれ少しずつ）→粉類→フルーツミックスの順に加えて混ぜる。
2　別のボウルに卵白を入れ、塩と残りのグラニュー糖を少しずつ加えながらハンドミキサーで泡立てて、ツヤのあるしっかりとしたメレンゲを作る。これを1のボウルにひとすくい加え、ぐるぐるっとなじませる。残りのメレンゲの半量を加え、ゴムベラで底からすくうように軽く混ぜたら、今度はそれをメレンゲのボウルに戻し入れ、底からすくうようにして白い筋が見えなくなるまで手早く混ぜる。
3　型に流し、軽くゆすって平らにならし、160℃のオーブンで30分ほど焼く。型を逆さにして完全に冷ます（型からの出し方はp97へ）。
＊小さく切り分けて、ふんわり泡立てた生クリーム、ミントの葉を添えて

■3月のケーキ／

ヨーグルトの
シフォンケーキ

耳をすますと春の足音が静かに、でも確実に近づいてきています。想い出は宝石よりも美しくて、かけがえのないものだから、3月にはキラキラと輝くフルーツミックスにイメージを重ね、真綿のような生地にちりばめたシフォンケーキを。何かしらに大きなひと区切りをつける、年度末。さよならの季節に舞うなごり雪は、あまりにせつなく映るのだけれど、感じる寂しさやせつなさは、過ごした時間がどれだけ楽しかったか、出会った人たちがどれほど大切だったかの証。つながっている喜びと実感が支えとなって、新しい一歩を踏み出そうとしている背中をやさしく押してくれることでしょう。今月のお菓子は、私からあなたへ贈るエールです。

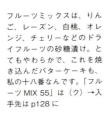

フルーツミックスは、りんご、レーズン、白桃、オレンジ、チェリーなどのドライフルーツの砂糖漬け。とてもやわらかで、これを焼き込んだバターケーキも、私の十八番なんです。「フルーツMIX 55」は（ク）→入手先はp128に

109

アフタヌーン
ティーセット

1 スコーンクッキーセット

ボウルに粉を入れたら、卵、生クリーム、溶かしバターで
ざっくりと生地をまとめ、丸めて焼くだけ。
手間なくスピーディーに、ワンボウルで焼き上がるレシピです。
スコーンのように焼きたての温かい状態でいただくと、
さっくり感が際立って、とってもおいしい。
もしもお店で出すならば、注文を受けてから作りはじめて、
オーブンから出してすぐをテーブルに運びたいな。

全粒粉の
スコーンクッキー

くるみの
スコーンクッキー

レーズンとオレオの
スコーンクッキー

→作り方はp116へ

2 シフォンケーキセット

季節を問わずに食べたくなるのは、
しっとり、ふわふわがうれしいシフォンケーキ。
フレーバーも作り方も違う、2種類を盛り合わせたプレートです。
今日のひと皿は、鼻をくすぐるようなスパイスをきかせたシフォンと、
細かく刻んだダークなチョコレートを焼き込んだシフォン。
添える生クリームはたっぷり、が私のシフォンプレートの基本だけれど、
なくても、もちろんおいしく食べられます。

スパイスシフォンケーキ

刻みチョコ入り
エンジェルシフォンケーキ

→作り方はp117へ

3 お味見スイーツセット

このお店のお菓子って、どんな味なんだろう？
初めて入ったお店では、そんな期待と不安が心地よく交差するもの。
だから、「ウチのお菓子はこんなふうです。
あなたのお口に合いますように」の気持ちを込めて、
本日おすすめのケーキで、プレートを作りました。
いろいろ少しずつ食べたいあなたにも、ぜひ。

ヨーグルトの
ミルクプリン

チョコマーブルの
スフレチーズケーキ

バナナとココナッツの
シフォンケーキ

→作り方はp118へ

ロールケーキセット

お菓子を何種類かいただく時、パッと見てわかる色の違いがあると、
目にもおいしいし、楽しいですよね。
ほんわり卵色と、しっかりココア色。
24cm角の天板で焼いたミニロールだから、
もうひとつくらい食べられちゃうかな。
それなら、ラズベリー色に染めた生地に、
フレッシュオレンジの実を散らしたラズベリーオレンジロール、
なんていかがですか？

マーマレード入り
プレーンロールケーキ

ココアとオレンジピールの
ロールケーキ

→作り方はp119へ

5 ライトミールマフィンセット

朝ごはんを食べそこねた休日や、ちょっぴりお腹が空いてきた午後。
甘いものより、塩けのあるものでお腹を満たしたい時には、
こんなマフィンのプレートを。
パウンド型で焼いたので、リクエストの厚みに切り分けて。
スープと小さなおかずをいくつか組み合わせれば、
ちゃんとしたお昼ごはんにもなりそうですね。

にんじんと
くるみのマフィン

グリーンピースと
クリームチーズのマフィン

→作り方はp120へ

6 バターケーキセット

焼いてから2〜3日たって、おいしさがしっとりとこなれた頃のバターケーキには、
ゆっくりとした時の流れが感じられるようで。
お茶時間をのんびり楽しむためのお菓子って、
バターケーキがやっぱり王道かな、なんて思ってしまうのです。
今日のケーキは、コーヒーによく合う2品をセレクト。
夏はキリッと冷えたアイスコーヒー、
冬は大きなカップにたっぷりといれたカフェオレで。
濃いめのコーヒーが好きなあなたには、エスプレッソを。

コーヒーとラムレーズンの
バターケーキ

バナナのバターケーキ

→作り方はp121へ

1 スコーンクッキーセット

全粒粉のスコーンクッキー

材料(直径3cmのもの約30個分)
A | 薄力粉　100g
　 | 全粒粉　50g
　 | ベーキングパウダー
　 | 　小さじ½
　 | きび砂糖　35g
　 | 塩　ひとつまみ
バター(食塩不使用)　50g
卵黄　1個分
生クリーム　大さじ2

下準備
・天板にオーブンシートを敷く。
・オーブンを170℃に温める。

作り方
1　ボウルにAを入れて泡立て器で混ぜ、電子レンジなどで溶かしたバター、卵黄、生クリームを加え、ゴムベラでさっくりとひとまとめにする。
2　直径3cmに丸めて厚みを少しつぶし、天板に間隔をあけて並べ、170℃のオーブンで15～20分焼く。

くるみのスコーンクッキー

材料(直径3cmのもの約30個分)
A | 薄力粉　150g
　 | ベーキングパウダー
　 | 　小さじ½
　 | きび砂糖　35g
　 | 塩　ひとつまみ
バター(食塩不使用)　50g
卵黄　1個分
生クリーム　大さじ2
くるみ　60g

下準備
・くるみは160℃のオーブンで6～8分から焼きし、冷めたら粗く砕く。
・天板にオーブンシートを敷く。
・オーブンを170℃に温める。

作り方
1　ボウルにAを入れて泡立て器で混ぜ、電子レンジなどで溶かしたバター、卵黄、生クリームを加え、ゴムベラでさっくりと混ぜる。粉っぽさが残るところでくるみを加え、ゴムベラでひとまとめにする。
2　直径3cmに丸めて厚みを少しつぶし、天板に間隔をあけて並べ、170℃のオーブンで15～20分焼く。

レーズンとオレオのスコーンクッキー

材料(直径3cmのもの約30個分)
A | 薄力粉　150g
　 | ベーキングパウダー
　 | 　小さじ½
　 | きび砂糖　35g
　 | 塩　ひとつまみ
バター(食塩不使用)　50g
卵黄　1個分
生クリーム　大さじ2
レーズン　50g
オレオクッキー(クリームを除き、粗く砕いて)　3組

下準備
・天板にオーブンシートを敷く。
・オーブンを170℃に温める。

作り方
1　ボウルにAを入れて泡立て器で混ぜ、電子レンジなどで溶かしたバター、卵黄、生クリームを加え、ゴムベラでさっくりと混ぜる。粉っぽさが残るところでレーズンとオレオを加え、ゴムベラでひとまとめにする。
2　直径3cmに丸めて厚みを少しつぶし、天板に間隔をあけて並べ、170℃のオーブンで15～20分焼く。

＊ふんわり泡立てた生クリーム、メープルシロップを添えて

2 シフォンケーキセット

スパイスシフォンケーキ

材料（直径17cmのシフォン型1台分）
A │ 薄力粉　65g
　│ ベーキングパウダー
　│ 　　小さじ1/2
　│ オールスパイス、カルダモン、
　│ シナモン（すべてパウダー）
　│ 　　各小さじ1/3
グラニュー糖　65g
卵黄、卵白　各3個分
水　50ml
サラダ油　大さじ2＋小さじ1
塩　ひとつまみ

下準備
・Aは合わせてふるう。
・オーブンを160℃に温める。

作り方
1 ボウルに卵黄、グラニュー糖の1/3量を入れて泡立て器でなじむまで混ぜ、水とサラダ油（それぞれ少しずつ）、Aの順に加えて混ぜる。
2 別のボウルに卵白を入れ、塩と残りのグラニュー糖を少しずつ加えながらハンドミキサーで泡立てて、ツヤのあるしっかりとしたメレンゲを作る。これを1のボウルにひとすくい加え、ぐるぐるっとなじませる。残りのメレンゲの半量を加え、ゴムベラで底からすくうように軽く混ぜたら、今度はそれをメレンゲのボウルに戻し入れ、底からすくうようにして白い筋が見えなくなるまで手早く混ぜる。
3 型に流し、軽くゆすって平らにならし、160℃のオーブンで30分ほど焼く。型を逆さにして完全に冷ます。型から出す時は、型の側面とケーキの間にナイフを差し込んで一周させ、型からはずす→筒部分、底とケーキの間にもナイフを一周させてはずす。

刻みチョコ入りエンジェルシフォンケーキ

材料（直径17cmのシフォン型1台分）
薄力粉　65g
ベーキングパウダー　小さじ1/2
粉砂糖　70g
卵黄　1個分
卵白　4個分
牛乳　50ml
サラダ油　40ml
塩　ひとつまみ
製菓用チョコレート　40g＊
＊好みの味のもの。または板チョコでもOK

下準備
・チョコレートは細かく刻み、冷蔵室に入れておく。
・薄力粉とベーキングパウダーは合わせてふるう。
・オーブンを160℃に温める。

作り方
1 ボウルに卵黄、粉砂糖の1/3量を入れて泡立て器でなじむまで混ぜ、牛乳とサラダ油（それぞれ少しずつ）→粉類→刻んだチョコの順に加えて混ぜる。
2 別のボウルに卵白を入れ、塩と残りの粉砂糖を少しずつ加えながらハンドミキサーで泡立てて、ツヤのあるしっかりとしたメレンゲを作る。これを1のボウルにひとすくい加え、ぐるぐるっとなじませる。残りのメレンゲの半量を加え、ゴムベラで底からすくうように軽く混ぜたら、今度はそれをメレンゲのボウルに戻し入れ、底からすくうようにして白い筋が見えなくなるまで手早く混ぜる。
3 型に流し、軽くゆすって平らにならし、160℃のオーブンで30分ほど焼く。型を逆さにして完全に冷ます。型からの出し方は、上と同じ。

＊ふんわり泡立てた生クリームを添えてもおいしい

3 お味見スイーツセット

チョコマーブルのスフレチーズケーキ

材料(15×15cmのスクエア型1台分)
クリームチーズ　120g
グラニュー糖　50g
卵黄、卵白　各2個分
生クリーム　50ml
薄力粉　大さじ2 1/2
牛乳　大さじ2
塩　ひとつまみ
製菓用チョコレート
　（セミスイート）　40g

下準備
・クリームチーズは室温に戻す。
・チョコレートは細かく刻み、電子レンジか湯せんにかけて溶かす。
・型にオーブンシートを敷く。
・オーブンを160℃に温める。

作り方
1　ボウルにやわらかくしたクリームチーズ、グラニュー糖の1/3量を入れて泡立て器ですり混ぜ、卵黄（1個分ずつ）→生クリーム→牛乳→薄力粉（ふるい入れて）の順に加えてそのつどよく混ぜ、こし器でこす。
2　別のボウルに卵白を入れ、塩と残りのグラニュー糖を少しずつ加えながらハンドミキサーで泡立てて、とろとろとリボン状に落ちるゆるめのメレンゲを作る(六〜七分立て)。これを1のボウルにひとすくい加え、ぐるぐるっとなじませる。残りのメレンゲの半量を加え、ゴムベラで底からすくうように軽く混ぜたら、今度はそれをメレンゲのボウルに戻し、底からすくうようにして白い筋が見えなくなるまで手早く混ぜる。
3　2の1/3量を別のボウルに取り分け、溶かしたチョコを混ぜてチョコ生地を作る。型にプレーン生地を流し、チョコ生地を表面に散らし、菜箸でぐるぐるっと混ぜてマーブル模様を作る。160℃のオーブンで45分ほど焼き、粗熱がとれたら型ごと冷蔵室でしっかりと冷やす。

バナナとココナッツのシフォンケーキ

→作り方はp97へ

ヨーグルトのミルクプリン

→作り方はp125へ

＊キウイソースの代わりに、ふんわり泡立てた生クリーム、ミントの葉を添えて

ロールケーキセット

マーマレード入りプレーンロールケーキ

材料（24×24cmの天板1枚分）**
スポンジ生地
- 薄力粉　35g
- グラニュー糖　45g
- 卵　2個
- 卵黄　1個分
- 生クリーム　大さじ2

クリーム
- 生クリーム　100ml
- グラニュー糖　小さじ1

ジャムシロップ
- オレンジマーマレード　大さじ2
- オレンジリキュール（グランマニエ）　大さじ1

下準備
・卵と卵黄は室温に戻す。
・薄力粉はふるう。
・天板にオーブンシート（あればわら半紙）を敷く。
・オーブンを180℃に温める。

作り方
1. スポンジを作る。ボウルに卵、卵黄、グラニュー糖を入れ、湯せんにかけてハンドミキサーの高速で泡立て、人肌に温まったら湯せんからはずし、白っぽくもったりするまで泡立てる（すくうとゆっくりと落ち、リボン状に積もるくらい）。ハンドミキサーを低速に落とし、キメを整える。
2. 薄力粉をふり入れ、ゴムベラで底からすくうようにして、ツヤっぽい状態になるまで混ぜる。電子レンジなどで熱くした生クリームを散らすように加え、手早く混ぜる。
3. 天板に流して平らにならし、180℃のオーブンで10分ほど焼く。天板からはずし、紙をつけたまま冷ます（粗熱がとれたらラップをかけておく）。
4. 耐熱容器にマーマレードを入れ、電子レンジで軽く温めてゆるめ、リキュールを混ぜておく。
5. ボウルにクリームの材料を入れ、ふんわりと泡立てる（七～八分立て）。スポンジの紙をはがし、焼き色がついた面を上にして紙の上に置き、巻き終わりになる部分を斜めに切り落として、シロップ、クリームの順に全体に塗り広げる。手前側をキュッと折り込むように巻いて芯になる部分を作り、くるくる巻いて巻き終わりを下にしてラップで包み、冷蔵室で1時間以上なじませる。

ココアとオレンジピールのロールケーキ

材料（24×24cmの天板1枚分）**
スポンジ生地
- 薄力粉　20g
- ココアパウダー　15g
- グラニュー糖　45g
- 卵黄、卵白　各2個分
- 生クリーム　大さじ3
- 塩　ひとつまみ

オレンジクリーム
- 生クリーム　80ml
- オレンジスライス（またはピール）　50g
- グラニュー糖　小さじ1/2

** p96参照

やわらかくてジューシーなオレンジスライス。手に入らなければ、オレンジピールを使って。

下準備
・薄力粉とココアパウダーは合わせてふるう。
・天板にオーブンシート（あればわら半紙）を敷く。
・オーブンを180℃に温める。

作り方
1. スポンジを作る。ボウルに卵白を入れ、塩とグラニュー糖を少しずつ加えながらハンドミキサーで泡立てて、ツヤのあるしっかりとしたメレンゲを作る。卵黄を1個分ずつ加え、均一になじむように混ぜる。
2. 粉類をふり入れ、ゴムベラで底からすくうようにして、ふんわりとツヤっぽい状態になるまでしっかりと混ぜる。電子レンジなどで熱くした生クリームを散らすように加え、手早く混ぜる。
3. 天板に流して平らにならし、180℃のオーブンで10分ほど焼く。天板からはずし、紙をつけたまま冷ます（粗熱がとれたらラップをかけておく）。
4. ボウルにクリームの材料を入れ、ふんわりと泡立てる（七～八分立て）。巻き方は上と同じ。

＊ヨーグルトにプラムジャムをかけたものを添えて

5 ライトミールマフィンセット

グリーンピースとクリームチーズのマフィン

材料（21×8×6cmのパウンド型1台分）

A ｜ 薄力粉　110g
　　｜ コーンフラワー　30g
　　｜ ベーキングパウダー　小さじ1
B ｜ 卵　1個
　　｜ きび砂糖　大さじ1
　　｜ 塩　小さじ1弱
　　｜ 粗びき黒こしょう　少々
プレーンヨーグルト　30g
牛乳　80ml
オリーブ油　大さじ2＋小さじ1
グリーンピース（冷凍）　80g
クリームチーズ　80g

下準備
・クリームチーズは1cm角に切り、冷蔵室に入れておく。
・卵は室温に戻す。
・Aは合わせてふるう。
・型にオーブンシートを敷くか、バターを塗って粉をはたく（ともに分量外）。
・オーブンを180℃に温める。

作り方
1 ボウルにBを入れて泡立て器で混ぜ、オリーブ油→ヨーグルト→牛乳の順に加えてよく混ぜる。
2 Aをふり入れてゴムベラでさっくりと混ぜ、やや粉っぽさが残るところでグリーンピース（凍ったまま）とクリームチーズを加え、さっくりと混ぜる。
3 型に流して平らにならし、180℃のオーブンで30分ほど焼く（中央に竹串をさしてみて、どろっとした生地がつかなければ焼き上がり）。

コーンフラワーは、とうもろこしを粉末にしたもの。これよりも粒子の粗い、歯ざわりの感じられるコーンミールやコーングリッツを使うと、また違った味わいに。（ク）→入手先はp128に

にんじんとくるみのマフィン

材料（21×8×6cmのパウンド型1台分）

A ｜ 薄力粉　110g
　　｜ コーンフラワー　30g
　　｜ ベーキングパウダー　小さじ1
B ｜ 卵　1個
　　｜ きび砂糖　大さじ1
　　｜ 塩　小さじ1弱
　　｜ 粗びき黒こしょう　少々
プレーンヨーグルト　30g
牛乳　80ml
オリーブ油　大さじ2＋小さじ1
にんじん　小1本
くるみ　50g

下準備
・くるみは160℃のオーブンで6～8分から焼きし、冷めたら細かく砕く。
・卵は室温に戻す。
・にんじんは皮をむき、なるべく細いせん切りにする（スライサーを使うと便利）。
・Aは合わせてふるう。
・型にオーブンシートを敷くか、バターを塗って粉をはたく（ともに分量外）。
・オーブンを180℃に温める。

作り方
1 ボウルにBを入れて泡立て器で混ぜ、オリーブ油→ヨーグルト→牛乳の順に加えてよく混ぜる。
2 Aをふり入れてゴムベラでさっくりと混ぜ、やや粉っぽさが残るところでにんじんとくるみを加え、さっくりと混ぜる。
3 型に流して平らにならし、180℃のオーブンで30分ほど焼く。

＊小さく切ったパパイヤとパイナップルに、ミントの葉を飾って添えて

6 バターケーキセット

バナナのバターケーキ

材料（21×8×6cmのパウンド型1台分）
薄力粉　80g
ベーキングパウダー　小さじ1/3
バター（食塩不使用）　100g
グラニュー糖　75g
アーモンドパウダー　50g
卵　1個
卵黄　1個分
はちみつ　大さじ1/2
塩　ひとつまみ
バナナ　中1本（正味80g）

下準備
- バター、卵、卵黄は室温に戻す。
- バナナは皮をむき、フォークで粗くつぶす。
- 薄力粉、ベーキングパウダー、塩は合わせてふるう。
- 型にオーブンシートを敷くか、バターを塗って粉をはたく（ともに分量外）。
- オーブンを160℃に温める。

作り方
1. ボウルにやわらかくしたバターを入れ、泡立て器かハンドミキサーでクリーム状に練り、グラニュー糖を加えてふんわりするまですり混ぜる。はちみつ→溶いた卵と卵黄の半量（少しずつ）→アーモンドパウダー→残りの卵（少しずつ）→バナナの順に加え、そのつどよく混ぜる。
2. 粉類をふり入れ、ゴムベラで底からすくうようにして、ツヤが出るまで手早くていねいに混ぜる。
3. 型に流して平らにならし、160℃のオーブンで45分ほど焼く。

コーヒーとラムレーズンのバターケーキ

材料（21×8×6cmのパウンド型1台分）
薄力粉　90g
ベーキングパウダー　小さじ1/4
バター（食塩不使用）　100g
グラニュー糖　90g
アーモンドパウダー　30g
卵　2個
　インスタントコーヒー
　　（粉末のもの）　大さじ2
　生クリーム　大さじ2
塩　ひとつまみ
　レーズン　60g
　ラム酒　大さじ1＋小さじ1

下準備
- バターと卵は室温に戻す。
- 耐熱容器にレーズンとラム酒を入れ、電子レンジに1分ほどかけてやわらかくする。
- コーヒーは生クリームで溶いておく。
- 薄力粉、ベーキングパウダー、塩は合わせてふるう。
- 型にオーブンシートを敷くか、バターを塗って粉をはたく（ともに分量外）。
- オーブンを160℃に温める。

作り方
1. ボウルにやわらかくしたバターを入れ、泡立て器かハンドミキサーでクリーム状に練り、グラニュー糖を加えてふんわりするまですり混ぜる。コーヒー＋生クリーム→溶いた卵の半量（少しずつ）→アーモンドパウダー→残りの卵（少しずつ）の順に加え、そのつどよく混ぜる。
2. 粉類をふり入れ、ゴムベラで底からすくうようにして混ぜ、やや粉っぽさが残るところでレーズンを加え、ツヤが出るまで手早くていねいに混ぜる。
3. 型に流して平らにならし、160℃のオーブンで45分ほど焼く。

＊ふんわり泡立てた生クリームにシナモンをふって添えて

レーズンにラム酒をふって、電子レンジで戻した即席ラムレーズンです。ラムレーズンは市販品でもいいし、長期間漬け込んだ手作りのものがあれば、そちらをぜひ使って。

121

カップ&
ココットデザート

グラスやカップ、ココットに作った甘いもの、いろいろ。
食後のデザートにはもちろんのこと、
いくつかを季節のケーキなんかと組み合わせて、
ゆっくり過ごせるティータイムにも。
楽しく弾むおしゃべりな時間をお約束します。
ちょっとした手土産や、持ち寄りランチ会のデザートに。
また、自分へのごほうびスイーツとしても。
しっかりとホールドされたカップの中のスイーツだから、
持ち運びに気を遣うこともありません。

カラメルりんごの
パンナコッタ

なめらかでクリーミーなパンナコッタ、ほんのりほろ苦いりんごのカラメル煮、ほわっと泡立てた生クリーム、さくさくのクランブル。おいしい層を段々に重ねた、ちょっと欲ばりなデザートです。ひと手間ふた手間とかかるような気がするけれど、それぞれのパーツはシンプルなプロセスででき上がるものばかりだから、意外と簡単なんですよ。縦にスプーンを入れて、4つのおいしいをそっとすくい上げて。口の中で奏でられるハーモニーには、何度味わっても、そのたびに笑顔を誘われます。もしかして、あの人の笑顔にも届くかな、届くといいな、なんてことを考えながら、甘やかな想いと一緒にグラスに重ねましょう。

材料（220mlの容器4個分）

クランブル生地
- 薄力粉　30g
- アーモンドパウダー　20g
- バター（食塩不使用）　20g
- グラニュー糖　15g
- 塩　ひとつまみ

パンナコッタ
- 牛乳　300ml
- 生クリーム　120ml
- グラニュー糖　35g
- 粉ゼラチン　5g
- 水　大さじ2

カラメルりんご
- りんご　1個
- グラニュー糖　30g
- 水　小さじ1

仕上げ用の生クリーム、ミントの葉、粉砂糖　各適量

下準備
- バターは1.5cm角に切り、冷蔵室に入れておく。
- 天板にオーブンシートを敷く。
- オーブンを170℃に温める。
- 粉ゼラチンは分量の水にふり入れ、ふやかしておく。

作り方

1 クランブルを作る。フードプロセッサーにバター以外の材料をすべて入れ、3～5秒回してふるう。バターを加えてスイッチのオンとオフをくり返し、ポロポロとしたそぼろ状になったら天板に広げ、170℃のオーブンで12～15分焼いて冷ましておく。

2 カラメルりんごを作る。小鍋にグラニュー糖と水を入れて中火にかけ、鍋をゆすらずに溶かし、茶色くなりはじめたら鍋を回して色みを均一にする。好みのこげ茶色になったら、皮をむいて小さく切ったりんごを加え、水分がほぼなくなるまで煮からめて冷ましておく。

3 パンナコッタを作る。鍋に牛乳、生クリーム、グラニュー糖を入れて沸騰直前まで温め、火を止めて電子レンジに数秒かけて溶かしたゼラチン（沸騰させないよう注意）を加えて混ぜる。こし器を通してボウルに移し、底に氷水をあてて、ゴムベラで混ぜながらとろみをつける。

4 器に流し、冷蔵室で2時間以上冷やし固める。2のりんご、ふんわり泡立てた生クリーム、1のクランブルの順に重ね、ミントの葉と粉砂糖を飾る。

*クランブルを手で作る場合は…
ボウルにバター以外の材料を入れて泡立て器で混ぜ、1.5cm角に切って冷やしておいたバターを加え、指先で粉とすり合わせるようにして、ポロポロとしたそぼろ状にする。

クランブルを焼く時は、途中で1～2回ざっと混ぜ返すひと手間をかけてあげると、均一に火が通り、色ムラなく仕上がります。

かぼちゃのブリュレ

香ばしくこげたお砂糖部分が、このお菓子の魅力ではあるけれど、メープルシロップやはちみつをかけるだけでもおいしい。

材料（直径7.5cmの浅めのココット型6個分）
かぼちゃ　約1/8個（正味100g）
生クリーム　120ml
牛乳　100ml
グラニュー糖　25g
卵黄　2個分
シナモンパウダー　小さじ1/2
仕上げ用のグラニュー糖、粉砂糖　各適量

下準備
・かぼちゃは皮と種をとって小さく切り、電子レンジか蒸し器でやわらかくして100g用意し、フォークで細かくつぶす。
・オーブンを150℃に温める。

作り方
1　ボウルに卵黄とグラニュー糖を入れて泡立て器ですり混ぜ、合わせて沸騰直前まで温めた生クリームと牛乳（少しずつ）→かぼちゃ→シナモンパウダーの順に加えてそのつどよく混ぜる。
2　こし器でこして型に流し、オーブンに入れて天板のふちギリギリまで熱湯を注ぎ（やけどに注意）、150℃で25分ほど湯せん焼きにする。粗熱がとれたら冷蔵室でしっかりと冷やす。
3　食べる直前に表面にグラニュー糖をふり、料理用バーナーか魚焼きグリルの強火でこんがりと焼き色をつけ、好みで粉砂糖をふる。

レアチーズケーキ

ヨーグルトのびんみたいな容器に入った、レアチーズ。隠れたサプライズに、プルーンの紅茶漬けを沈めました。

材料（150mlの容器5個分）
クリームチーズ　120g
プレーンヨーグルト　180g
グラニュー糖　15g
卵黄　1個分
生クリーム　100ml
はちみつ　大さじ2
レモン汁　小さじ1
　粉ゼラチン　5g
　水　大さじ2
　ドライプルーン　5個
　濃いめにいれた熱い紅茶　適量

下準備
・クリームチーズは室温に戻す。
・プルーンに紅茶をひたひたに注ぎ、冷めるまでおく。
・粉ゼラチンは分量の水にふり入れ、ふやかしておく。

作り方
1　ボウルにやわらかくしたクリームチーズ、グラニュー糖を入れて泡立て器ですり混ぜ、卵黄→はちみつ→ヨーグルト→生クリーム→レモン汁の順に加えてそのつどよく混ぜる。電子レンジに数秒かけて溶かしたゼラチン（沸騰させないよう注意）を加えて混ぜ、こし器でこす。
2　器にプルーンを1個ずつ入れ、1の生地を流し、冷蔵室で2時間以上冷やし固める。

ヨーグルトのミルクプリン

フルーツのソースがよく合う、ミルクプリンです。
いちごやブルーベリー、オレンジ、グレープフルーツでもOK。

材料（130mlの容器5個分）
プレーンヨーグルト　200g
牛乳　200ml
グラニュー糖　45g
レモン汁　大さじ1/2
粉ゼラチン　5g
水　大さじ2
キウイソース
　キウイ　1～1 1/2個
　はちみつ　大さじ1

下準備
・粉ゼラチンは分量の水にふり入れ、ふやかしておく。

作り方
1 鍋に牛乳とグラニュー糖を入れて中火にかけ、グラニュー糖が溶けたら火を止め、ヨーグルト、レモン汁の順に加えて泡立て器で混ぜる。
2 電子レンジに数秒かけて溶かしたゼラチン（沸騰させないよう注意）を加えてなめらかに混ぜ、こし器を通してボウルに移し、底に氷水をあててゴムベラで混ぜながらとろみをつける。
3 器に流し、冷蔵室で2時間以上冷やし固める。細かく刻んだキウイとはちみつを混ぜたソースをかける。

ホワイトチョコと
いちごのババロア

ホワイトチョコの甘みを引き締め、引き立ててくれるいちごは、
ババロア生地の中にゴロゴロッと入れても。

材料（150mlの容器5個分）
製菓用ホワイトチョコレート　80g
牛乳　130ml
生クリーム　120ml
卵黄　2個分　　　　　オレンジリキュール
グラニュー糖　10g　　（グランマニエ）　小さじ1
粉ゼラチン　5g　　　　仕上げ用のいちご、粉砂糖、
水　大さじ2　　　　　レモンバームの葉　各適量

下準備
・生クリームはリキュールを加えてとろりと泡立て（六分立て）、冷蔵室に入れておく。
・チョコレートは細かく刻む。
・粉ゼラチンは分量の水にふり入れ、ふやかしておく。

作り方
1 耐熱ボウルにチョコレートと牛乳を入れ、電子レンジにかけて溶かす。
2 別のボウルに卵黄とグラニュー糖を入れて泡立て器ですり混ぜ、1のチョコ、電子レンジに数秒かけて溶かしたゼラチン（沸騰させないよう注意）の順に加えてそのつどよく混ぜる。こし器でこしてボウルに戻し、底に氷水をあててゴムベラで混ぜながらとろみをつける。
3 泡立てた生クリームを加えてさっくりと混ぜ、器に流し、冷蔵室で2時間以上冷やし固める。細かく刻んだいちごをのせ、レモンバームの葉、粉砂糖を飾る。

カップティラミス

材料（直径7cm×高さ9cmの容器5個分）
スポンジ生地（24×24cmの天板1枚分）
- 薄力粉　40g
- グラニュー糖　40g
- 卵黄、卵白　各2個分
- 塩　ひとつまみ

クリーム
- マスカルポーネチーズ　120g
- 卵黄　1個分
- 生クリーム　100ml
- グラニュー糖　大さじ2

コーヒー液
- 好みの濃さにいれたコーヒー　200ml
- コーヒーリキュール　大さじ1

仕上げ用のココアパウダー　適量

下準備
・薄力粉はふるう。
・天板にオーブンシート（あればわら半紙）を敷く。
・オーブンを180℃に温める。
・コーヒーとコーヒーリキュールは合わせておく。

作り方
1. スポンジを作る。ボウルに卵白を入れ、塩とグラニュー糖を少しずつ加えながらハンドミキサーで泡立てて、ツヤのあるしっかりとしたメレンゲを作る。卵黄を1個分ずつ加えてなじむように混ぜ、薄力粉をふり入れ、ゴムベラで底からすくうようにして、ふんわりとツヤっぽい状態になるまでしっかりと混ぜる。
2. 天板に流して平らにならし、180℃のオーブンで10分ほど焼く。天板からはずし、紙をつけたまま冷ます（粗熱がとれたらラップをかけておく）。
3. ボウルにマスカルポーネチーズ、グラニュー糖を入れて泡立て器ですり混ぜ、卵黄、生クリームの順に加えてふんわりと泡立てる。
4. 2のスポンジを小さく切り、コーヒー液にさっと浸し、器に適量ずつ入れる。3のクリーム、コーヒー液に浸したスポンジ、クリームの順に重ね、ココアパウダーをふり、冷蔵室でしっかりと冷やす。

コーヒー色に染まったスポンジとマスカルポーネクリームを、交互に重ねて積み上げました。冷蔵庫でしばらく休ませて、スポンジとクリームが溶け合った頃に食べたいお菓子です。魅力的なお料理がたくさん出てくる『幸せのレシピ』という映画があります。主人公のケイトは、レストランの料理長。副料理長であるニックが彼女のために作ったのは、大きな密閉容器にたっぷりと入ったティラミス。それを直接スプーンですくって食べるのですが、二人の心が通い合ったようにも見えるシーンでは、そのティラミスも、ケイトとニックの関係も、とっても甘くておいしそうなんです。大きく作っても、小さく作ってもおいしいティラミス。恋する誰かとご一緒に。

ティラミスといえば、マスカルポーネチーズとコーヒーリキュール「カルーア」。リキュールはラム酒やブランデーでもいいし、なければ使わなくてもOKです。「カルーア」は（ク）→入手先はp128に

ココットガトーショコラ

濃い味わいのチョコ生地は、小さく作るのがお気に入り。
やわらかな口あたりのために、高温のオーブンで短時間焼いて。

材料（直径7cmの浅めのココット型6個分）
　製菓用チョコレート（セミスイート）　75g
　バター（食塩不使用）　50g
卵　2個
グラニュー糖　40g
薄力粉　大さじ2
ココアパウダー　大さじ1
牛乳　大さじ1＋小さじ1
飾り用の粉砂糖　適量

下準備
・卵は室温に戻す。
・チョコレートは細かく刻む。
・薄力粉とココアパウダーは合わせてふるう。
・オーブンを200℃に温める。

作り方
1　耐熱ボウルにチョコレートとバターを入れ、電子レンジか湯せんにかけて溶かす。
2　別のボウルに卵とグラニュー糖を入れ、泡立て器でとろりとするまですり混ぜる（泡立てなくてOK）。1のチョコ→牛乳→粉類の順に加え、なめらかに混ぜる。
3　型に流し、200℃のオーブンで8〜10分焼き（中央に竹串をさしてみて、とろりとした生地がついてくるくらいで焼き上がり）、完全に冷めたら粉砂糖をふる。

ココットカップケーキ

おなじみのカップケーキも、舟形のココットで焼いて、
生クリームとブルーベリーで飾れば、おしゃれな印象に。

材料（8.5×5cmのだ円のココット型約12個分）
A　薄力粉　60g
　　アーモンドパウダー　20g
　　ベーキングパウダー　小さじ1/8
　バター（食塩不使用）　60g
　牛乳　大さじ2
粉砂糖　60g
卵　2個
仕上げ用の生クリーム、ブルーベリー、
　レモンバームの葉　各適量

下準備
・卵は室温に戻す。
・Aは合わせてふるう。
・オーブンを160℃に温める。

作り方
1　ボウルに卵と粉砂糖を入れ、ハンドミキサーの高速で白っぽくもったりするまで泡立てる（すくうとゆっくりと落ち、リボン状に積もるくらい）。
2　ハンドミキサーを低速に落とし、合わせて電子レンジなどで溶かしたバターと牛乳（温かいもの）を加えて混ぜ、Aをふり入れ、ゴムベラでさっくりと混ぜる。
3　型に流し、160℃のオーブンで18〜20分焼く。完全に冷めたら、ふんわり泡立てた生クリーム、ブルーベリー、レモンバームの葉を飾る。

お菓子製作・撮影・スタイリング・文
稲田多佳子（いなだ　たかこ）

✚1968年12月生まれ、いて座のB型。✚家族は、オット＆娘ひとり。家族3人で京都に暮らす。✚2000年5月に、手作りお菓子にまつわるサイト『CARAMEL MILK TEA』を立ち上げ、人気を博す。✚ライフワークとなりつつあるお菓子作りは、慌ただしい暮らしの中での息抜き、楽しみ、リラックスのひととき。✚著書に『クッキーとバターケーキのレシピ』『チーズケーキとロールケーキのレシピ』『シフォンケーキとチョコレートケーキのレシピ』（すべて小社刊）など。
http://takako.presen.to/

*たかこさんおすすめのネットショップ

・（ク）→ cuoca（クオカ）
http://www.cuoca.com
☎ 0120-863-639（10:00 〜 18:00）
製菓・製パンの材料と道具の専門店。自由が丘、日本橋、吉祥寺、越谷レイクタウン、京都桂川、高松にショップもあります。

・（富）→富澤商店
http://www.tomizawa.co.jp/
製菓・製パン材料をはじめ、幅広い食材をそろえる食材専門店。オンラインショップのほか、全国に直営店があります。

・（馬）→馬嶋屋菓子道具店
http://www.rakuten.ne.jp/gold/majimaya/
☎ 03-3844-3850（9:00 〜 17:30）
東京・合羽橋にある製菓・製パン機械器具の専門店。型や道具などが、バラエティ豊かにそろっています。

・（コ）→ cotta（コッタ）
http://www.cotta.jp/
☎ 0120-801-505（9:00 〜 18:00）
製菓・製パン材料のネットショップ。製菓材料のほか、ラッピンググッズ、ベーキングカップもそろっています。

・商品の取り扱い先は、2015年1月30日現在のものです。お店や商品の状況によって、同じものが入手できない場合もあります。あらかじめご了承ください。

たかこ@ caramel milk tea さんの
焼き菓子とカフェケーキのレシピ

著　者	稲田多佳子
編集人	泊出紀子
発行人	永田智之
発行所	株式会社 主婦と生活社
	〒104-8357　東京都中央区京橋3-5-7
	☎ 03-3563-5321（編集部）
	☎ 03-3563-5121（販売部）
	☎ 03-3563-5125（生産部）
印刷所	凸版印刷株式会社
製本所	大日本印刷株式会社

アートディレクション・デザイン／高市美佳

撮影／砂原 文（カバー、p1 〜 3、p6 〜 7、p13、p19、p27、p37、p45、p53、p61、p67 〜 79、p128）
　　　馬場わかな（カバー、p82 〜 85、p90 〜 91、p94、p108 〜 122、p128）

撮影協力／歩粉（ほこ）・磯谷仁美

取材／渋江妙子

校閲／滄流社

編集／足立昭子

落丁・乱丁の場合はお取り替えいたします。お買い求めの書店か、小社生産部までお申し出ください。
Ⓡ本書を無断で複写複製（電子化を含む）することは、著作権法上の例外を除き、禁じられています。本書をコピーされる場合は、事前に日本複製権センター（JRRC）の許諾を受けてください。
また、本書を代行業者等の第三者に依頼してスキャンやデジタル化をすることは、たとえ個人や家庭内の利用であっても一切認められておりません。
JRRC（http://www.jrrc.or.jp　Ｅメール：jrrc_info@jrrc.or.jp　☎ 03-3401-2382）

©TAKAKO INADA 2015 Printed in Japan
ISBN978-4-391-14646-2

お送りいただいた個人情報は、今後の編集企画の参考としてのみ使用し、他の目的には使用いたしません。詳しくは当社のプライバシーポリシー（http://www.shufu.co.jp/privacy/）をご覧ください。

* 本書は生活シリーズ『takako cafe2 たかこ@ caramel milk tea さんのデリごはんとカフェデザートのレシピ』『たかこ焼菓子店のシンプルおうち菓子レシピ』を再編集・書籍化したものです。